# 인천, 경제자유구역을 말하다

다인문고 001

# 인천, 경제자유구역을 말하다

허동훈 지음

도서출판 다인아트

# 머리말

2000년부터 2014년까지 인천발전연구원에 근무하면서 인천경제자유구역에 관해 연구할 기회가 있었다. 경제자유구역 개발 초기에는 외부의 부정적인 시각이 많았다. 하지만 송도의 잠재력에 대해 믿음이 있었다. "땅장사하고 아파트만 짓는다"라거나 "송도에 가봤더니 유령도시더라"는 식의 냉소적인 반응을 접하면 오해를 풀어주고 싶은 생각이 간절했다. 자세히 설명할 기회가 없으면 "실패해도 성공한 신도시 정도는 될 테니 걱정하지 마라"고 대꾸해 주곤 했다. 그러나 그런 편견에도 불구하고 지금의 인천경제자유구역 특히 송도는 방문하는 사람들이 매우 놀랄 정도로 발전했다. 아주 작은 역할이었지만 관련된 일을 한 사람으로서 자부심을 느낀다.

그러나 안타까움도 크다. 2010년쯤 지역경제 분야 원로 한 분이 내게 인천경제자유구역 성과를 어떻게 생각하느냐고 질문했을 때 "더 잘할 수 있었다고 생각합니다"라고 대답했다. 지금도 그런 질문을 받으면 같은 답을 할 것 같다. 인천경제자유구역은 많은 성과를 거뒀지만, 한편으로 기회를 충분히 활용하지 못했다. 정책과 개발방식 개선이 필요하다. 특히 송도에서는 연동개발과 전시성 사업이나 양산형 공장 유치를 그만둬야 한다. 대신 일자리를 많이 만들어내는 연구개발과 지식서비스산업 중심의 혁신클러스터로, 그리고 더 고밀로 개발해야 한다. 인천발전연구원을 떠나서도 이런 생각이 계속 머리에 맴돌았다.

그러던 차에 2017년 11월 인천시민단체 관계자로부터 인천경제자유구역에 대해 이야기해달라는 요청을 받았다. 간담회에 참석한 한 분이 발제한 내용을 보강해서 책 쓰기를 권유했지만 사양했다. 열심히 일한 분들에게 누가 되거나 논란을 부추길 수도 있다는 생각이 들었기 때문이다. 그러나 두어 달 뒤 책을 쓰는 쪽으로 마음을 바꿨다. 기회가 많았던 과거와 달리 인천경제자유구역에서 지역경제 성장을 이끌 수 있는 곳이 사실상 송도 11공구밖에 남지 않은 실정이 마음에 걸렸다. 갈 길이 정해진 뒤 훈수를 두어봐야 아무 의미가 없다는 생각이 들었다.

인천경제자유구역 관련해서는 잘못된 통념이 많다. 당연하게 보이는 것을 반박하려면 구체적인 이론과 사례가 필요하다. 그러나 말이나 글이 길어지고 딱딱해지면 귀를 닫거나 책을 덮는 게 인지상정이다. 그래서 내용을 쉽게 풀어쓰려고 했으나 뜻대로 되지 않아 아쉽다. 토지 면적과 가격을 언급할 때 이해하기 쉽도록 평을 주로 사용하는 관행을 따르다 보니 미터법을 제대로 지키지 못한 부분도 마음에 걸린다.

2014년 인천발전연구원을 떠난 후 기억과 과거 자료에 주로 의존해 정리했기 때문에 더러 오류가 보일 텐데 이 점에 대해서도 양해를 구한다. 그동안 큰 틀에서 여건 변화는 없었다고 생각해서 용기를 냈다. 인천경제자유구역 3개 지구 중에 송도가 인천시 정책에 크게 영향을 받는 곳이므로 송도에 대해 많은 부분을 할애했다. 이 책을 읽고 공감하는 사람이 있고 제언 일부라도 정책에 반영된다면 큰 보람을 느낄 것 같다.

다인문고 첫 번째 기획으로 이 책이 나오게 된 것도 소개하고 싶다. 다인아트가 인천을 주제로 다룬 책의 보고寶庫란 점은 주지의 사실이다. 윤미경 대표와 장윤미 실장에게 감사한 마음을 전한다.

2018년 12월

허동훈

# 차례


머리말 ..... 5

## I 인천경제자유구역의 출범

1. 인천경제자유구역이 지정되기까지 ..... 13
2. 점점 확산된 경제자유구역 ..... 18
3. 게일사가 송도에 오게 된 과정 ..... 25
4. 경제자유구역 지정의 이론적 배경 ..... 31

## II 인천경제자유구역 어떻게 개발해왔나

1. 땅 팔아서 재원을 확보하다 ..... 39
2 주택사업을 수단으로 삼는 연동개발 ..... 45
3. 이름뿐이라도 외국인투자가 우선이다 ..... 72
4. 산업용지는 조성원가 이하로 판다 ..... 79
5. 투자유치는 양산형 공장 위주로 ..... 84

## III 아파트가 문제가 아니라 땅을 제대로 못파는 것이 문제다

1. 정부가 경제자유구역에 주는 돈은 별로 없다 ..... 89
2. 정주 여건 조성이 중요한 이유 ..... 94
3. 기회비용을 무시하고 땅을 팔면 안 된다 ..... 97

## IV 주객이 전도된 연동개발의 함정

1. 개발이익이 큰 연동개발의 실패 ..... 111
2. 앵커시설 조성을 위한 연동개발의 미흡한 효과 ..... 136
3. 사업성이 불확실한 연동개발의 좌초 ..... 141

V 외국인투자에 매달릴 필요 없다
1. FDI 정말 필요하고 여건은 되나? ········· 151
2. 국내 기업을 역차별하는 나라는 한국밖에 없다 ········· 156

VI SLC 최초 협상부터 특혜 시비까지
1. 초고층 빌딩을 짓기 위한 잘못된 협상 ········· 167
2. SLC 재협상은 성공한 협상이다 ········· 178

VII 용유·무의 개발의 혼선
1. 아키에스(주)와 CWKA의 좌절 ········· 195
2. 켐핀스키가 약속한 신기루 ········· 205

VIII 어떤 산업이 경제성장을 이끄나?
1. 제조업 대 서비스업 논쟁과 보몰 효과 ········· 225
2. 제조업이 중요하지만 서비스 활동이 제조업을 이끈다 ········· 231
3. 서비스업에 대한 오해를 풀자 ········· 238
4. 회사 이름이나 업종이 아니라 사업장이 중요하다 ········· 243

VIII 혁신에 유리한 환경을 알아보자
1. 똑똑한 사람 옆에 있어야 똑똑해진다 ········· 253
2. 집적이 혁신을 이끈다 ········· 259

X 일자리 중심의 연구개발단지가 정답이다
1. 판교테크노밸리와 마곡R&D산업단지 ········· 269
2. 지식기반서비스업이 일자리를 만든다 ········· 280
3. 송도에 일자리가 생겨야 원도심도 산다 ········· 287
4. 송도 11공구의 미래 ········· 293

참고문헌 ········· 315

# 1

# 인천경제자유구역의 **출범**

# 1. 인천경제자유구역이 지정되기까지

## 정부를 설득해서 송도신도시 개발이 시작되다

송도 개발계획은 공유수면매립 기본계획이 수립된 1979년까지 거슬러 올라간다. 1984년 수도권정비기본계획에 주거기능 중심으로 송도신도시가 반영됐다. 주거기능을 넘어서 국제업무와 첨단산업을 강조하는 송도정보화신도시 조성계획은 1986년에 세워졌다. 이 무렵 인천시는 영종도를 편입해 이곳에 수도권 신공항을 유치하는 안도 추진했다.

남덕우(2002)에 따르면 박배근 시장 재임 때 박연수 도시계획국장이 송도정보화신도시와 영종도 신공항 유치를 제안했다고 한다. 그러나 송도신도시 개발은 수도권 인구 집중을 우려한 정부 반대에 부딪혀 진전이 없었다. 1988년과 1989년 이재창 시장이 두 차례에 걸쳐 노태우 대통령을 설득해서 비로소 동력을 얻었다.

송도신도시 조성계획은 노태우 정부가 1988년에 발표한 주택 200만 호 건설계획에 영향을 받았다. 택지난 해소를 위해 48.3㎢(1,460만 평)를 메워 인구 49만 명을 수용하는 신도시를 목표에 두고 추진됐다. 현 송도지구 계획상 면적은 53.4㎢(1,614만 평)이고 수용인구가 26만4천 명이다. 두 계획을 비교하면 수용인구가 두 배에 가까운 예전 계획이 주거 중심이었음을 알 수 있다. 중앙부처가 계획에 부정적이었지만 1990년 1단계 17.7㎢(535만 평)의 공유수면 매립 승인을 시작으로 계획이 구체화됐다. 1단계 계획인구는 25만 명이었다.

중앙부처와 인천시 견해차가 커서 사업이 착공되지 못하는 상태에서 200만 호 건설계획 주요 대상지인 분당, 일산 등 5대 신도시 사업이 마무리되고 있었다. 송도의 주거 위주 도시개발 계획은 수정이 불가피했다. 주택 200만 호 건설 사업 마무리, 영종도 신공항 착공, 그리고 대중국 교역 확대로 주변 여건이 변했다. 이 변화를 반영해 송도신도시 조성계획은 첨단정보 신도시개발로 다시 방향을 틀었다.

마침내 1994년 김영삼 대통령이 참석한 가운데 '송도해상신도시' 기공식이 열려 송도신도시가 첫걸음을 뗐다. 송도신도시 계획은 주 기능이 주거 → 국제비즈니스 → 주거 → 국제비즈니스로 변하는 우여곡절을 겪었다. 중앙부처의 부정적 입장에도 불구하고 송도신도시 사업이 추진될 수 있었던 데에는 김영삼 대통령을 설득한 최기선 시장의 역할이 컸다.

### 민간 컨소시엄이 주도한 미디어밸리의 좌초

1996년 인천시는 ㈜미디어밸리와 손을 잡고 송도매립지

2·4공구에 106만 평 규모의 첨단 IT단지를 만들기로 합의했다. ㈜미디어밸리는 한국판 실리콘밸리를 만들기 위해 한국통신, 삼보컴퓨터, 현대전자, LG전자 등 여러 회사가 출자해 만든 회사였다. 이 회사가 송도를 후보지로 선정하면서 송도 첨단 IT단지는 '미디어밸리'로 불리게 됐다. 1997년 도시기본계획에서 송도신도시 1단계 사업은 21.7㎢(656만 평)로 개발면적이 약간 확장되고, 계획인구 8만 명의 저밀 개발로 선회했다.

그러나 ㈜미디어밸리는 투자유치와 자본조달을 제대로 하지 못했고 인천시와 사업방식을 놓고 갈등을 빚다 2000년 사업종료를 결정했다. 인천시는 당초 ㈜미디어밸리에 지분 20%를 투자해 제3섹터 방식[1]으로 사업을 맡길 계획이었다. 하지만 2000년 초에 인천시와 인천시의회가 운영 및 감독권 강화를 위해 시 출자 비율을 25% 이상으로 높이려고 시도해 갈등을 빚었다. 합의가 안 돼 ㈜미디어밸리는 문을 닫고, 인천시는 공영개발로 방향을 전환했다.

이 무렵 인천시는 매립 및 부지 조성 비용을 조달하지 못해 매립 공사를 맡은 건설회사에게 대토代土 방식으로 공사비를 지급하기도 했다. 즉, 땅으로 공사비를 갚은 것이다. 경제자유구역 지정 이전 2공구에서 분양한 아파트 다수는 그 땅에 세워졌다.

---

1 제3섹터 개발방식이란 민(民), 관(官) 공동출자 개발방식을 말한다. 지역개발이나 도시조성사업에 많이 사용된다.

## 김대중 정부 시절의 경제특구 지정 합의

1990년대 후반부터 인천시는 인천공항, 인천항, 그리고 송도정보화신도시를 세 축으로 하는 이른바 '트라이포트Tri-Port' 정책을 적극 추진한다. 인천공항과 인천항은 국가시설이므로 인천시가 참여할 여지가 적었다. 당연히 송도신도시 개발이 인천시 핵심 사업으로 떠올랐다. 중국경제가 부상하고 인천공항 공사가 진척되자 인천 밖에서도 인천시 잠재력에 주목하는 사람이 많아졌다. IMF 외환위기를 겪은 후 제조업 경쟁력에 대한 위기의식이 커져서 한국경제의 변화를 모색하는 움직임이 활발해졌다. 새로운 성장 모델을 추구하는 이런 변화가 인천경제자유구역 지정에 배경으로 작용했다.

2001년 남덕우 전 총리와 이종찬 전 국가정보원장 등이 주도한 '동북아경제포럼 한국위원회'를 주목할 필요가 있다. 이 포럼은 동북아물류 중심지화 전략과 동북아 개발은행 설립을 제안하고 나섰다.[2] 9월에는 김대중 대통령에게 관련 계획을 보고했다.

이 무렵 인천시는 미국 게일사The Gale Company와 127억 달러 규모의 국제비즈니스 센터 조성을 골자로 한 외자 유치를 교섭해 왔고, 이 내용을 11월 김대중 대통령에게 보고했다.

---

2 이 위원회의 모태인 동북아경제포럼은 하와이대 동서문화센터 조이제 박사가 1990년대 초부터 운영했다.

2002년 1월 김대중 대통령의 기본구상 발표를 계기로 경제특구 후보 지역 및 개발계획이 구체적으로 검토되기 시작했다. 곧이어 정부와 인천시는 송도와 영종, 동아매립지를 경제특구로 지정하기로 합의했다.

2002년 4월 재경부는 '한국을 동북아의 물류중심지로 육성하고, 세계 유수 기업 및 금융의 동북아 거점으로 발전시킨다'는 내용을 골자로 하는 '동북아 비즈니스 중심국가 실현 방안'을 발표했다. 11월엔 부분적인 수정을 거친 후 '경제자유구역의 지정 및 운영에 관한 법률'(이하 경제자유구역법)이 국회 본회의에서 의결됐다.

## 노무현 정부 결국 경제자유구역을 지정하다

2002년 말 출범한 노무현 정부 인수위는 결이 약간 달라서 '동북아 중심 국가' 건설을 주요 국정과제 중 하나로 내세웠다. 그러나 정치·외교적 측면에서 비현실적이라는 비판이 제기됐고, 주변 국가 중 특히 중국이 한국 정부의 의도에 대해 불편하게 생각했다. 이런 분위기 때문인지 큰 구상은 '동북아 경제 중심 국가' 실현이라는 계획으로 되돌아왔다.

노무현 정부 인수위에 산업클러스터 이론에 심취한 전문가들이 있었다. 이들은 서비스업 육성이 중요한 국가과제지만 빠른 시일 내 경쟁력 확보가 어렵다고 봤다. 대신 첨단 제조업 경쟁력 확보를 위해 전국을 몇 개 권역으로 나눠 산업클러스터로 개발해야 한다고 판단했다. 경제특구 지정에도 회의적이었다. 제조업을 중시한다는 점에서 산자부와 뜻이 맞았다.

그러나 서비스업을 강조하는 재경부, 경제특구를 추진하는 인천시는 불만을 가질 수밖에 없었다. 결국 인수위는 물류와 산업혁신클러스터, 금융을 모두 아우르기로 결정한다. 김대중 정부 기조가 이어진 것이다. 2003년 8월 인천경제자유구역이 공식 지정되고, 10월 인천경제자유구역청(이하 인천경제청)이 출범한다.

## 2. 점점 확산된 경제자유구역

### 동아매립지 청라지구로 변하다

정부는 당초 경제자유구역 후보지로 영종도와 동아매립지를 우선 검토했다. 동아매립지는 나중에 청라지구로 불리게 되는데 당시엔 동아매립지, 서북부매립지, 김포매립지 등 이름이 많고 통일된 명칭이 없었다. 경제자유구역 개발계획 수립 당시 인천시 박연수 기획관리실장이 매립지에 청라도가 있으니 청라지구라고 부르자고 제안해 동아매립지는 청라지구가 됐다. 청라지구 면적은 동아매립지 487만 평에 주변 지역 55만 평을 합한 것이다.

정부는 1964년부터 영세민을 동원해 청라도 주변 간척 사업을 진행했다. 동아건설은 1980년 매립 면허를 받아 이 사업을 이어 나갔고, 1985년에 정부로부터 제방을 사들였다. 동아건설은 제방을 완공하고 북쪽 땅을 1988년에 정부에 양도했는데 이곳이 바로 수도권 쓰레기매립지다. 동아건설은 동아매립지로 불리는 남쪽 간척지를 농경지로 사용하기로 했지만 농사는 짓지 않았다. 1996년 국제적인 자유도시를 짓겠다는 명분을 내세워 용도변경을 시도한다. 인천시도 공감했지만, 중앙 정부는 민간기업에 특혜를 안겨줄 수 없었다.

그러나 1999년 8월, IMF 외환위기 여파로 동아건설이 휘청거리자 정부는 농어촌공사가 동아매립지 1,223만㎡를 6,355억 원에 매입하도록 한다. 매입 의사결정 주체인 재경부는 연 600억 원에 달하는 이자가 부담스러웠다. 당시는 IMF 외환위기 여파로 금리가 높았다. 재경부는 동북아 경제 중심지 조성 및 경제특구 주무 부처였다. 동아매립지가 인천공항과 서울 중간에 있어 위치가 좋았고 사실상 국유지라는 점과 매입대금 부채 해소 등의 장점이 있다고 보고 경제특구 적지로 판단했다.

## 청라의 환경유해 시설과 게일사가 송도를 경제자유구역으로 만들다

그러나 변수가 있었다. 직접 와 보니 동아매립지 안에 하수처리장, 화력발전소, 송전탑 등 환경 유해시설이 있고 주변에 주물공업단지(현 서부산업단지)와 수도권매립지가 있었다. 국제금융도시와 주거지를 조성하기에 좋지 않은 여건이란 점을 깨달은 것이다.

송도신도시와 경합적인 성격도 문제였다. 동아매립지가 국유지인 반면 송도신도시는 시유지인 데다 계획면적도 커서 인천시 입장에선 송도를 선호할 수밖에 없었다. 당시 인천시는 게일사와 포스코건설이 합작, 송도에 127억 달러를 투입해 국제비즈니스센터를 조성하는 사업을 위한 협약체결을 추진하고 있었다.

외국인 투자자가 대형 개발사업을 추진하면서 사업비 대부분에 해당하는 자본을 들여와 개발을 진행하는 경우는 거의 없다. 현지법인 운영 자본과 초기 사업을 위한 일부 자금을 가져올 뿐, 국내 금융기관으로부터 차입하거나 분양 대금을 재투입해 자금을 조달한다. 포스코건설 주장에 따르면 지금까지 게일이 직접 투자한 금액은 9억 원에 불과하다. 즉, 게일사가 가져올 외자는 전체 사업비의 극히 일부분에 지나지 않

을 것이었다.[3]

그런데도 인천시는 127억 달러 외자 유치를 크게 홍보했고 언론도 "송도 비즈니스단지 조성 외자 16조 유치 성공"이라고 보도했다. IMF 외환위기 이후는 정부가 외자라면 버선발로 뛰어나가던 시절이다. 정부 입장에선 송도지구가 경제특구 지정에서 제외되면 127억 달러의 외자 도입이 무산될지 모른다는 인천시의 읍소 겸 협박(?)을 받아들이지 않을 수 없었다. 결국 정부는 영종과 청라뿐만 아니라 송도지구도 경제특구에 포함하기로 결정한다.

## 부산신항과 광양항 배후지역도 경제자유구역으로 지정

지역균형발전 정서는 경제자유구역 판을 키웠다. 인천에만 경제특구를 지정하면 비수도권에서 반발할 것은 불 보듯 뻔했다. 비수도권에도 경제특구를 지정해야 하고, 영호남 지역 정서까지 고려해야 했다. 부산 신항과 광양항 배후 지역이 경제자유구역으로 추가 지정된 이유다. 두 항만의 중요성을 생각하면 당연한 조치였다고 할지 모르겠다. 그러나 두 곳의 항만과 배후부지 조성사업은 경제자유구역 지정과 무관하게 이

3 게일사는 총투입금액의 50% 이상 또는 30억 달러 이상 외자유치를 약속했지만 지키지 않고 있다.

미 국가사업으로 추진되고 있었다. 경제특구는 입법과정에서 명칭이 바뀌어 경제자유구역이 됐고 2003년 8월 인천경제자유구역 지정을 시작으로 그해 10월 부산·진해 경제자유구역과 광양만권 경제자유구역이 지정됐다.

## 경제자유구역 전국으로 확대되다

국회의원들은 재경부가 제출한 경제특구 법안 중 큰 항만과 공항이 배후에 있어야 한다는 조항을 없애서 향후 경제자유구역 추가 지정의 물꼬를 터주었다. 2008년 3개 지역이 추가 지정된 데 이어 2013년에 두 곳이 더 지정됐다(〈표 1-1〉). 서울시와 세종시, 제주도를 제외한 전국 시도에 경제자유구역 지정이 완성된 것이다. 참고로, 제주도는 경제자유구역 이상의 특례를 적용받는 국제자유도시로 지정되어 있다.

2008년과 2013년의 추가 지정은 지자체 요구가 반영된 일종의 정치적 결정이었다. 2008년 이후 경제자유구역 주무부처가 된 지식경제부 장관도 언론 인터뷰에서 "일부 경제자유구역은 정치적 이유로 지정된 게 사실"[4]이라고 토로했다. 경제자유구역에 대한 정부 재정지원이 제한적이므로 정부 입

4 이성훈, 경제자유구역 고강도 구조조정 할 것, chosun,biz,com, 2010.5.19.,http://biz.chosun.com/site/data/html_dir/2010/05/19/2010051901308.html

<표 1-1> 2018년 현재 국내 경제자유구역 지정 현황

| 명칭 | 위치 | 면적 | 개청일 |
|---|---|---|---|
| 인천 | 인천 (연수구, 중구, 서구) | 132.91㎢ | 2003.08.06 |
| 부산·진해 | 부산 (강서구)<br>경남 (창원시) | 52.89㎢ | 2003.10.27 |
| 광양만권 | 전남 (여수, 순천, 광양)<br>경남 (하동) | 77.68㎢ | 2003.10.27 |
| 황해 | 경기 (평택) | 4.39㎢ | 2008.04.25 |
| 대구·경북 | 대구, 경북 (경산, 영천, 포항) | 19.72㎢ | 2008.04.25 |
| 새만금·군산 | 전북 (군산, 부안) | 18.70㎢ | 2008.04.25 |
| 동해안권 | 강원 (강릉, 동해) | 8.95㎢ | 2013.02.04 |
| 충북 | 충북 (청주, 충주) | 9.08㎢ | 2013.02.14 |
| 합계 | | 324.32㎢ | |

주: 면적은 2018년 현재 기준으로 최초 지정 당시와 다른 곳이 많다.
자료: 경제자유구역단, 2018

장에서는 추가 지정이 달갑지 않아도 큰 부담이 되지 않는다. 정치적 결정이 쉽게 내려진 이유다.

## 송도지구 공구 구분 및 주요 시설

인천경제자유구역에는 송도, 영종, 청라 3개 지구가 있다. 송도지구의 공식 행정상 명칭은 송도국제도시다. 이 책은 송도지구를 주로 다루는데 송도의 주요 시설과 프로젝트, 공구의 위치를 모르면 이해에 어려움이 있을 수 있다. 송도의 현

<그림 1-1> 송도지구 공구 구분 및 주요 시설

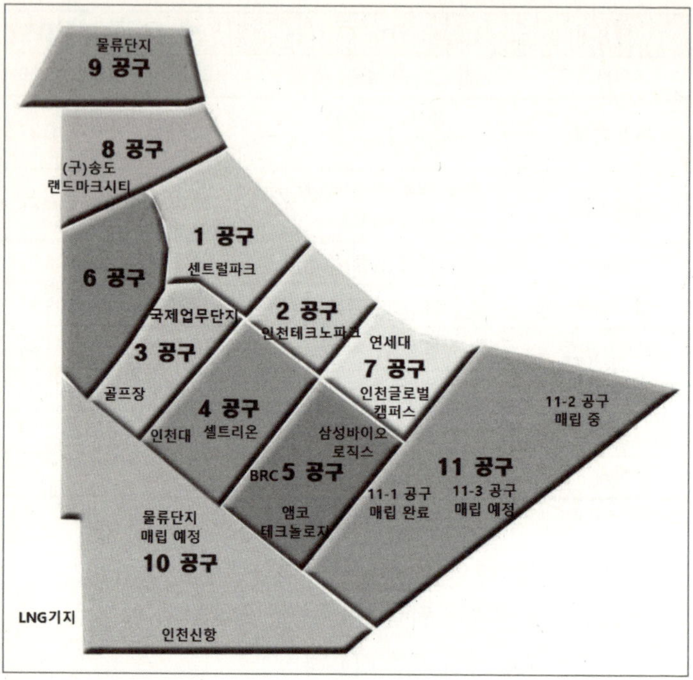


황에 익숙하지 않은 독자를 위해 개략적인 지도와 현황을 소개하기로 한다.

송도지구는 10개 공구로 나누어진다. 공구별 개발은 2·4공구, 1·3공구, 5·7공구, 6·8공구, 9공구, 11공구, 10공구 순으로 이루어지고 있다. 1~9공구는 매립이 완료된 상태다. 이 중 1~5, 7공구는 개발이 거의 완료되었거나 많이 진척됐다. 10공구는 인천신항 배후 일부만 매립되어있고 대부분은 아직 매립되지 않은 상태다. 11공구는 11-1공구만 매립이 완료됐다. 소개한 지도에 나타나 있지 않지만 10공구와 다른 공구 사이에 조성 예정인 수로도 11공구에 속한다.

9공구와 10공구는 항만 배후부지로 해양수산부 소유이기 때문에 인천시 권한에 제약이 있다. 6 · 8공구는 개발 초기이지만 토지가 많이 팔렸고 주거, 상업, 업무 기능이 도입되는 곳이다. 그리고 업무기능은 개발이 비교적 어려운 편이라는 점을 유념할 필요가 있다. 이렇게 보면 인천시가 일자리를 많이 만들고 지역경제 성장엔진을 확보할 수 있는 곳은 사실상 11공구밖에 남지 않은 상태다. 물론 정부와 협의가 잘 이루어져 9공구와 10공구 개발계획에 변화가 생긴다면 아직 기회는 더 있다.

## 3. 게일사가 송도에 오게 된 과정

### 인천시와 게일사의 연결 고리 제이 김

게일사가 어떻게 송도 사업에 참여하게 됐는지 살펴보자. 미국 LA 패서디나에 사는 제이 김Jay Kim이라는 교포가 있었다. 제이 김은 젊었을 때 원자력 전문가로 한국에서 원자력

발전소 시공을 감독한 적이 있고 나이 들어서는 미국에서 부동산 사업을 했다. 1990년대 말, 김철욱이라는 재미교포가 대표로 있는 CWKA라는 미국 회사가 용유·무의 관광단지 개발사업에 뛰어들었다. 김철욱 역시 LA에 살고 있었다. 제이 김은 FH/GPC라는 미국의 로비 및 컨설팅 업체의 동아시아 대표 자격으로 CWKA와 FH/GPC를 연결해 주었다. 제이 김은 2000년에 영종·용유 지역 개발과 관련해 한국을 찾았다가 포스코건설의 조용경 영업본부장을 알게 되었다.

조용경이 몇 년 전 본인의 블로그에서 밝힌 회고담 일부를 옮긴다.[5] 제이 김과 조용경은 영종도에서 외자를 활용하는 개발사업에 진출해 보자는 협의를 하고 영종도로 들어가 사업지를 수소문하고 다녔다. 2001년 2월 최기선 시장 측에서 먼저 연락해서 최 시장, 조용경, 제이 김, 인천시 심○○ 과장 네 사람이 송도유원지 주변 식당에서 회동했다. 이 자리에서 최 시장은 포스코건설이 송도에서 개발사업을 하라고 제안했다. 조용경은 송도의 토지소유자가 단일하며 지장물 보상 부담도 없고 문화재 발굴에 따른 예기치 못한 사업 지연 위험도 없기 때문에 제안에 매력을 느꼈다.

그러나 내부 검토에 들어간 포스코건설은 송도 부지를 수의계약으로 매입하기 위해선 외국인이 50% 이상 출자한 외국

---

5 조용경, 송도신도시를 탄생시킨 2월 11일의 의미, 한송의 세상보기, 2015.2.11.,http://blog.naver.com/PostView.nhn?blogId=hansongp&logNo=220269664294

인투자기업(이하 외투기업)이 되어야 한다는 문제에 부딪혔다. 경쟁입찰로 땅을 팔면 개발사업자가 누가 될지 모를 일이었다. 유찰이 반복되면 수의계약도 가능하지만 시간이 너무 지연된다고 판단했다.

그래서 포스코건설, 제이 김, 인천시 삼자 협의에서 미국의 개발회사를 물색해 포스코건설과 합작으로 외투기업 개발회사를 만들고 그 회사가 인천시로부터 부지를 매입하는 방식으로 추진해야 한다는 결론을 내렸다. 제이 김이 곧 미국으로 출국해 뉴욕의 개발사업회사인 게일사를 설득해 포스코건설과 게일사의 합작법인이 송도국제업무단지를 개발하게 됐다. 조용경 본부장은 이후 게일 인터내셔널 코리아Gale International Korea(이하 GIK) 사장과 포스코건설 부사장을 겸임하면서 송도국제업무단지 개발에 관여하게 된다.

## 미국 언론에 나온 게일사의 참여 경위

게일사가 참여한 과정은 뉴욕타임스와 보스턴글로브 등 일부 미국 언론도 다룬 적 있다. 게일사의 파트너이자 보스턴 지사장인 존 하인즈John Hynes III는 2000년 초에 제이 김으로부터 전화를 받았다. 인터넷에서 하인즈의 보스턴 지역 개발 관련 뉴스를 보고 제이 김이 연락을 취했다는 기사도 있고, FH/

GPC의 토마스 오닐Thomas O'Neill III 대표가 하인즈를 추천했다는 보도도 있다. 오닐과 하인즈는 둘 다 보스턴 명문가 출신으로 친분이 있었다. 오닐의 아버지는 미국의회 하원의장을 10년이나 역임한 저명한 정치가 팁 오닐Tip O'Neil이고 하인즈의 할아버지는 보스턴 시장을 역임했다.

<그림 1-2> 존 하인즈

자료: 인천경제청

FH/GPC는 인천시와 게일사를 연결하는 역할을 맡아 게일사의 한국 방문 이전인 2001년 4월에 인천시를 방문했다. 2002년 3월 뉴욕에서 열린 토지공급계약 체결식에도 참여했다. 제이 김으로부터 연락을 받은 존 하인즈는 처음에 제안을 거절했으나 사업 규모가 엄청나게 크다는 말에 이끌렸다. 존 하인즈는 게일사 회장인 스탠리 게일을 설득해 함께 한국을 방문했다. 존 하인즈는 캐나다와 버뮤다밖에 가본 적이 없어 한국 방문이 실질적인 첫 해외 방문이나 마찬가지였다. 버뮤다는 미국령이고, 미국시민은 자동차를 이용해 캐나다를 방문할 때 여권이 없어도 신분증이 있으면 입국이 가능하다. 하인즈는 한국 방문을 위해 생애 처음으로 여권을 만들었다. 게일과 하인즈 두 사람은 송도 입지가 뛰어나고 원점에서부터 도시를 만들 수 있으며 인천시와 포스코건설의 태도가 적극적이어서 사업에 참여하기로 했다.

### 존 하인즈와 스탠리 게일의 갈등

존 하인즈는 미국 설계 회사인 KPF를 고용해 밑그림을 그렸다. 골프장, 송도센트럴파크, 수로, 커낼스트리트는 존 하인즈와 KPF의 작품이라고 할 수 있다. 존 하인즈는 도심 내 대형공원이 필요하다고 역설했는데 인천시 관계자들이 회의적인 반응을 보였다. 하인즈는 이들을 보스턴으로 데려가 보스턴 카먼Boston Common을 보여주고 설득했다. 보스턴 카먼은 보스턴 시내 복판에 있는 공원이다.

존 하인즈는 송도 사업을 위해 한국을 대략 100번이나 방문하면서 사업을 주도했다. 존 하인즈는 두 손으로 명함 건네는 법, 왼손으로 오른 손목이나 술병을 받치고 술 따르는 법, 가라오케, 고개 숙여 인사하는 법 등 한국문화도 적극적으로 배웠다. 보스턴에 돌아가서도 무의식중에 미국인에게도 고개를 숙여 인사했다고 한다.

송도 사업이 진행돼서 스탠리 게일 회장이 적극적으로 개입하자 존 하인즈와 스탠리 게일은 의견 충돌을 빚었다. 하인

<그림 1-3> 보스턴 카먼

자료: Abhishek Suryawanshi, Wikimedia Commons, 2017.6.24.,https://en.wikipedia.org/wiki/File:Boston_common_aerial_view.jpg

즈는 자신이 부당하게 프로젝트의 주인공 역할에서 밀려난다고 생각했다. 결국, 2010년 하인즈는 자신의 송도 사업 지분 절반을 스탠리 게일에게 팔고 송도에서 손을 뗐다. 그는 "이익이 좋았다profitable"는 말만 하고 지분을 얼마에 팔았는지 밝히지 않았다. 하인즈와 게일 두 사람은 서로 말도 하지 않는다고 한다. 존 하인즈와 갈등을 빚었던 스탠리 게일은 이제 포스코건설과 다투고 있다. 존 하인즈는 TV 광고 단골 촬영 장소가 될 정도로 독특한 송도의 도시경관에 기여한 공로가 있다.

## 4. 경제자유구역 지정의 이론적 배경

### 동북아 물류기지를 만들어야 한다

경제자유구역 추진의 이론적 배경으로 동북아 물류기지 건설과 서비스업 개방을 통한 국가경제력 제고를 꼽을 수 있다. 전자는 동북아경제포럼 관계자들이 주로 주장한 것이다. 이들은 중국 경제 부상에 따른 동북아지역 물동량 증가에 주목했다. 동북아 중심에 자리 잡고 있는 한반도가 동북아 지역 공항 및 항만의 효율적인 네트워크 구축에 적합하다고 본 것이다. 지정학적 위치를 활용해 물류기지를 조성하면, 공항과 항만 배후 지역의 제조업과 서비스업, 관광업 등도 크게 발전한다고 주장했다.

부산, 광양을 해운 물류 및 환적 중심지로 개발하는 동시에 영종도와 인천을 공운空運과 해운을 연계한 황해권 물류 비즈니스 중심지로 만들고 항만과 공항 배후지에 첨단산업과 외국 기업을 유치하자고 했다. 이런 구상을 실현하기 위해서 경제특구가 필요하다는 것이다.

## 개방을 통해 서비스업 경쟁력을 높여야 한다

재경부 생각은 달랐다. 규제완화를 통해 서비스업 경쟁력을 높이기위해 경제특구가 필요하다고 판단했다. 작은 나라에서 외국자본의 국내시장 지배를 두려워해 국내 시장을 보호하면, 시장 규모가 작아서 독과점 현상이 일어난다. 이 경우 국내 기업은 경쟁력을 키우는 대신 로비와 규제를 통해 독과점 지위를 유지하기 위해 노력한다. 이러면 경제발전이 어려워진다. 이것이 2차 대전 이후 많은 제3세계 국가에서 벌어진 현상이다. 우리나라도 산업화 시기엔 국내 시장은 보호했지만, 다른 개발도상국과 달리 공산품 수출을 적극 장려하는 정책을 펴왔다. 수출하려면 국제무대에서 경쟁해야 하므로 기업이 경쟁력을 키울 수밖에 없었다.

국내 제조업체는 수출을 위해 점차 경쟁력을 키워 왔고, 제조업이 어느 정도 발전한 후에 정부는 제조업 시장을 단계적으로 개방했다. 예를 들어보자. 현대자동차는 외국차 수입 제한 덕분에 품질이 낮은 차를 국내에서 비싸게 팔 수 있었다. 하지만 외국시장에서는 비싸게 팔 수 없었다. 가격경쟁력을 갖추든지 품질을 높여야 했다. 결국 시간이 흘러 현대차 경쟁력은 높아지고 외국차의 국내시장 진입 문턱도 크게 낮아졌다.

서비스업은 제조업에 비교하면 비교역재 성격이 강한 편이다. 반드시 그렇지는 않지만 수출과 수입 대상이 아니라는 것이다. 이발사, 변호사, 회계사 도움을 받기 위해 외국으로 가는 경우는 거의 없지 않은가. 덕분에 외국 기업과 경쟁할 일이 별로 없었다. 그만큼 국내시장이 폐쇄적이고 규제가 많아 경쟁력이 낮은 편이었다. 개방과 규제완화를 통해 경쟁력을 키워야 하는데 이익집단 반발이 자명했다.

경제특구라는 한정적 지역을 시험대로 활용해 성과가 좋으면 전국으로 확산시켜야 한다고 재경부는 생각했다. 유통시장을 개방해 월마트 등 외국기업이 들어 왔다. 이 조치가 오히려 이마트, 롯데마트, 홈플러스 등 국내 유통기업이 성장하는 계기가 됐다. 이와 유사한 상황을 재연해 보고 싶은 것이 재경부 뜻이었다. 재경부는 경제자유구역에서만 서비스업 시장을 개방하고 규제를 완화하면 반발이 덜 할 것으로 보았다. 의료산업이 대표적인 예다.

## 그럴듯하지만 근거 없는 '넛크래커' 논리

물류기지와 서비스업 개방을 강조하는 두 주장의 공통적 배경에는 제조업 경쟁력에 대한 위기의식이 있다. 1997년에 부즈 앨런 해밀턴Booz Allen Hamilton이라는 컨설팅회사가 한국이 중국과 일본 사이에 끼여 어려운 상황, 일명 '넛크래커nutcracker' 현상에 빠질 가능성이 있다고 경고했다. 한국은 중국보다 가격 경쟁력이 낮고 일본보다는 기술 수준이 떨어진다는 게 문제라는 것이다. 이 말이 옳다면 '한국이 기술은 중국에 앞서고 가격경쟁력은 일본보다 낫다'는 낙관론도 가능하지 않은가? 넛크래커 주장은 그럴듯한 비유일 뿐 논리가 아니다. 그러나 IMF 외환위기 여파 때문인지 1990년대 말과 2000년대 초에 수많은 전문가와 언론의 주목을 받았다.

경제자유구역 지정 당시, 여러 처방이 있었지만 넛크래커 현상을 우려하는 점에서는 닮았었다. 하지만 넛크래커 이론은 국가경쟁력이 무엇인지, 비교우위가 무엇인지 제대로 몰라서 나오는 주장이다. 국가 간 경제 관계는 개인이나 기업의 경쟁 관계와는 다르다. 모든 국가는 서로 비교우위를 갖고 교역을 통해 이득을 볼 수 있다.

정원사보다 정원 관리에 능숙한 치과의사가 있다고 가정해보자. 치과의사가 정원사에 대해 치과 치료와 정원 관리 양쪽 모두 절대우위를 가지고 있는 셈이다. 그러나 치과의사는 직접 정원을 돌보지 않고 정원사에 일을 맡긴다. 그 시간에 환자를 치료하면 정원사에게 주는 돈보다 더 많은 돈을 벌 수 있기 때문이다. 치과의사는 치과 치료에 비교우위가 있고 정원 관리에 비교열위가 있다. 정원사는 치과 치료는 전혀 할 줄 모르고 정원 관리도 치과의사보다 서툴다. 그래도 정원을 관리해주고 받은 돈으로 치과 치료를 받을 수 있다. 정원사는 정원 관리에 절대우위는 없지만 비교우위가 있는 것이다.

국가 간 교역과 경제적 경쟁은 승패의 개념으로 접근하면 안 된다. 이웃나라가 우리나라보다 경제적 효율성이 높다고 해도 이웃나라 때문에 어려움을 겪게 되는 것은 아니다. 지금 중국은 한국의 최대교역국이다. 중국이 개혁개방 정책 대신 폐쇄적인 경제정책을 고집해 후진국에 머물렀다면, 우리나라가 더 발전했을까? 경제가 발전한 선진국 간 교역은 선진국과 후진국 간 교역보다 활발하다. 한국인이 아이폰을 사기도 하고 미국인이 갤럭시S를 사기도 한다. 산업 별로 희비가 엇갈릴 수 있지만, 이웃나라의 경제발전을 위협으로 받아들이는 것은 '미신'이다. 중국경제의 부상은 위협이기보다는 기회로 받아들이는 게 타당하다.

# 2

# 인천경제자유구역 **어떻게 개발해왔나**

## 1. 땅 팔아서 재원을 확보하다

### 땅 팔아서 송도를 개발하다

인천경제청은 송도 땅을 매립해 부지를 확보한 후 기반시설을 조성하고 이 땅을 판 돈으로 다시 다음 단계 부지를 매립하고 기반시설을 조성하는 과정을 반복한다. 땅 팔아서 개발하는 것은 청라도 마찬가지다. 청라는 LH[6]가 농업기반공사로부터 평당 약 25만 원이란 싼 가격에 산 토지에 기반시설을 조성하고 매각한다. LH가 청라에서 얼마 벌었는지는 밝히지 않으니 알 수 없다. 다만 감사원(2009)은 청라와 영종 두 곳에서 LH가 거둘 개발이익을 2조4,984억 원으로 추정했다. 영종은 LH와 인천도시공사 등 사업자가 사유지를 매입해 자기 자본 또는 차입에 의존해 개발한다. 하지만 용유지역처럼 사유지 보상비용이 높은 곳은 개발이 안 되고 있다.

인천경제청은 송도에서 2017년까지 8조7,178억 원의 토지를 매각했다(〈표 2-1〉). 송도 갯벌은 대부분 기준수면 즉 평균해수면보다 높다. 따라서 매립할 때 성토 비용이 적게 든다. 수심이 낮은데 주변에 항만이 있으니 항로 유지를 위해 지속해서 준설해야 한다. 송도는 다른 공사장 흙을 가져다 쓰기도

---

6 동아매립지 매입 당시 대한주택공사와 합병(2009) 전으로 한국토지공사였다.

<표 2-1> 송도지구 토지매각 현황 (2017.11.30. 기준)

(단위: 천㎡, 억 원)

| 구분 | 공구별 | 매각 대상 | 매각완료 | | 미 매각 | | 매각률 |
|---|---|---|---|---|---|---|---|
| | | 면적 | 면적 | 금액 | 면적 | 금액 | |
| 조성 완료 | 1,3,2,4,5,7 | 11,161 | 10,399 | 57,346 | 762 | 9,024 | 93.2 |
| 조성 중 | 6,8,11 | 6,707 | 2,003 | 29,832 | 4,704 | 57,300 | 29.9 |
| 계 | | 17,868 | 12,402 | 87,178 | 5,466 | 66,324 | 69.4 |

자료: 인천경제청, 2018 주요업무계획, 2018.1.9.

하지만 바로 옆에서 준설토를 많이 이용해 얕은 바다를 매립할 수 있기 때문에 이중으로 매립비용이 낮아진다. 송도 1, 2, 3, 4, 5, 7공구 매립비용은 평균 10만 원/평이 약간 넘었다. 공공용지가 약 절반임을 고려하면 조성원가에서 약 20여만 원/평 정도가 매립비용이다. 매립비용이 원체 낮아서 기반시설을 조성해도 조성원가가 낮았다. 게다가 대도시에 연접해 토지 시세가 높다.

싸게 땅을 만들어 비싸게 팔 수 있는 여건이므로 재원조달이 가능했다. 반면 송도와 청라 이외 경제자유구역은 상황이 달랐다. 경제자유구역으로 지정되면 기대감으로 개발 지역 내 사유지 땅값이 뛴다. 높아진 땅값 때문에 수용이 어렵고 또한 수용해서 개발한다고 해도 조성원가 대비 시세가 낮아 차익을 남기기 어렵다. 영종도 계획 미수립지가 경제자유구역에서 해제된 이유가 바로 여기에 있다. 사유지가 많은 다른 시도 경제자유구역도 마찬가지로 개발이 어렵다.

### 시 본청으로의 개발이익 유출과 정부의 제한적인 예산지원

일부 오해와 달리 인천시 본청 예산은 개발 초기 사업비 일부를 제외하곤 투입되지 않았다. 오히려 인천경제자유구역에서 인천시 본청이나 인천도시공사로의 개발이익 유출이 일어났다. 2016년 10월 인천시의회 정창일 의원과 송도 주민들이 제기한 주장에 따르면 현금 1조2,605억 원이 인천시로, 현물 2조5,761억 원이 인천시와 인천도시공사로 넘어갔다. 초기에는 현금유출이 있었는데 이를 못마땅하게 여긴 정부가 2011년 경제자유구역법을 개정해 경제청 특별회계나 별도 계정에서 시·도 다른 회계 또는 계정으로 전출을 금지했다.

법 개정 후에는 개발이익 유출이 송도 토지를 싸게 넘기는 형태로 변했다. 인천시는 토지를 조성원가,[7] 공시지가, 감정가 등으로 이관했고, 인천도시공사는 주로 감정가로 매입했다. 인천시로 이관한 토지는 외상으로 싸게 판 것은 맞지만 무상 이관은 아니므로 대가 없이 넘어간 현금유출과는 성격이 다르다.

정부는 인천경제청 예산의 극히 일부만 지원한다. 감사원(2015) 자료에 따르면 2014년까지 인천경제자유구역에 투입된 민자는 23조7,171억 원이며, 지방비는 2조184억 원이었다. 반

7 토지 매입 또는 매립비용, 기반시설 설치비용, 기타 부지 조성 및 판매 관련 경비를 합한 비용이다. 도로, 공원 등 매각이 불가능한 공공용지 조성비용은 매각 가능 토지의 조성비용에 전가된다.

면, 국비는 3,230억 원에 그쳤다. 국비와 시비 지원이 제한적이거나 없는 만큼 자체적으로 재원을 조달해야 했다.

### 송도 토지의 조성원가와 시세

2008년을 전후로 한 공구별·지구별 조성원가를 살펴보자(〈표 2-2〉). 송도는 2년 주기로 조성원가를 재산정하므로 조성원가가 계속 상승한다. 2018년 기준 조성원가는 높아져서 1~5, 7공구 조성원가는 245만 원/평에 달하고, 11공구 조성원가는 389만 원/평이다. 6·8공구는 299만 원/평이다. 하지만 6·8공구와 11공구를 제외하고 용지가 대부분 매각됐으므로

<표 2-2> 인천경제자유구역 공구별·지구별 조성원가

| 지구공구 | | 조성원가 (원/㎡) | 조성원가 (원/평) | 산출기준일 |
|---|---|---|---|---|
| 송도 | 1공구 | 412,610 | 1,364,000 | '08년 2월 |
| | 2공구 | 412,610 | 1,364,000 | '07년 3월 |
| | 4공구 | 412,610 | 1,364,000 | '07년 3월 |
| | 5·7공구 | 453,750 | 1,500,000 | '08년 12월 |
| | 6·8공구a) | 823,629 | 2,722,754 | '09년 12월 |
| | 6·8공구b) | 529,375 | 2,362,333 | '09년 12월 |
| 청라 | 1-①, 1-②단계c) | 1,357,596 | 4,487,920 | '07년 6월 |
| 영종 | | 1,162,297 | 3,842,304d) | '07년 11월 |

a) 2009년 감사원 추정치 (외곽순환고속도로 노선 변경비용 4,592억 원, 공원녹지조성비용 수정)
b) a)에서 외곽순환고속도로 노선 변경비용 2,500억 원으로 수정
c) 1단계는 중봉대로 동측 지역으로 중소형 아파트가 많다.
d) 조성원가가 높다는 여론이 일자 LH는 나중에 365만 원으로 인하했다.
자료: 감사원, 감사결과 처분요구서(경제자유구역 운영 및 사업 추진 실태), 2009.12.

현재 조성원가보다는 매각 당시에 근접한 시기 조성원가를 보는 것이 당시 상황을 이해하는 데 도움이 된다.

2009년쯤 송도지구 공동주택용지 감정가는 약 800~1,000만 원/평, 주상복합 및 상업·업무용지 감정가는 최고 1,400만 원/평 수준이었다. 일반적으로 감정가는 시세보다 낮지만 이 당시 감정가와 시세는 별 차이가 없었다. 오히려 상업·업무용지 감정가는 시세보다 다소 과대평가된 듯하다. 이후 금융위기 여파로 시세가 하락했지만, 부동산 경기가 회복돼서 현 시세는 2009년 감정가와 비슷하다.

2009년 5·7공구 기준으로 조성원가가 150만 원/평인 토지를 천만 원/평 전후로 팔 수 있었으므로 막대한 개발이익이 가능했다. 하지만 토지가 시세보다 낮은 가격에 팔린 사례가 많아 실제 개발이익은 잠재적 이익에 크게 못 미친다. 산업용지, 교육용지, 공공청사 용지는 조성원가 이하로 공급됐다. 주거, 상업, 업무용지도 연동개발[8]이나 인천시와 인천도시공사 지원을 위해 조성원가나 헐값에 판 곳이 많았다.

2011년 이전 수익시설 용지 매각 사례를 보자(〈표 2-3〉). 경제자유구역 지정 이전에는 인천시가 공사비에 쪼들리던 시기여서 땅을 싸게 팔았다. 그 이후에도 연동개발 명목으로 조성원가에 매각한 사례가 많다. 전체적으로 보면 제값 받고 판 수

8 수익성이 낮은 업무·상업시설, 또는 앵커시설 개발 의무와 수익성이 높은 주거시설 개발 권리를 연계하여 대규모로 개발하는 것을 말한다. 인천경제자유구역 외 지역에서는 사례가 흔치 않아 잘 쓰지 않는 용어다.

<표 2-3> 2011년 이전 송도지구 토지 매각 사례

| 공구 | 용도 | 단가 (만 원/평) | 적용 가격 | 계약 시기 | 계약자 | 비고 |
|---|---|---|---|---|---|---|
| 1.3 | 송도국제 업무단지 | 107 | 조성원가 | 2003~ | NSIC | 수의계약 |
| | 상업시설 | 960 | 공시지가 | 2011 | 인천시 | 회계이관 |
| 2 | 공동주택 | 133~169 | 감정가 | 2001~2002 | 건설회사 | 추첨/대물 변제 |
| | 근린상가 | 615~1046 | 낙찰가격 | 2003~2004 | 민간 | 경쟁입찰 |
| | 주상복합 | 480~713 | 낙찰가격 | 2002 | 민간 | 경쟁입찰 |
| 4 | 공동주택 | 147~320 | 조성원가/ 감정가 | 2004~2006 | 인천도시공사 | 수의계약 |
| | 근린상가 | 309~709 | 낙찰가격 | 2007~2008 | 민간 | 경쟁입찰 |
| | 상업업무 | 970~1685 | 낙찰가격 | 2011 | 민간 | 경쟁입찰 |
| | 상업업무 | 188~290 | 조성원가 | 2007 | 시/공사 | 회계이관 |
| 5·7 | 송도 TP | 158 | 조성원가 | 2008 | 송도 TP | 수의계약 |
| | 국제화 복합단지 | 158 | 조성원가 | 2008 | 연세대 | 수의계약 |
| | 공동주택 | 793 | 감정가 | 2009 | 도시공사 등 | 수의계약 등 |
| | 주상복합 | 158 | 조성원가 | 2009 | 글로벌대학 캠퍼스 | 대물변제 |

자료: 인천경제청

익부지가 오히려 적다. 그래도 싸게 토지를 만들어 비싸게 팔 수 있었던 것이 송도 개발의 원동력이었다고 할 수 있다. 〈표 2-3〉에는 나타나 있지 않지만 2011년 이후에는 연동개발 사례가 거의 없어 수익부지를 경쟁입찰로 매각해 비싸게 판 사례가 늘었다.

## 2. 주택사업을 수단으로 삼는 연동개발

### 연동개발을 시도한 이유

연동개발이란 수익성이 높은 사업과 없는 사업을 연계하는 개발이다. 민간사업자가 수익성이 없는 사업을 자청할 리 없기 때문에 수익성이 높은 사업과 없는 사업을 병행해서 추진하도록 하는 것이다. 물론 수익성이 없는 사업을 하겠다고 나서는 사업자도 있지만 이때는 의도를 의심해봐야 한다. 통상 기성 시가지에서 개발할 땐 상업·업무용지가 주거용지보다 비싸다. 그러나 2000년대 초반 허허벌판인 송도는 사정이 달랐다. 신도시를 개발하면 주거, 근린생활시설, 상업, 업무 순으로 기능이 활성화된다. 초기에 서울 출퇴근 주민이 많고 아파트밖에 없어 베드타운이라는 힐난을 받던 경기도 분당이나 일산의 변화를 보면 쉽게 이해할 수 있다.

송도는 수도권 대도시에 연접해 있기 때문에 기반시설만 갖춰져 있으면 경제자유구역 개발 초기에도 공동주택, 즉 아파트 사업 수익성이 있었다. 반면 상업·업무용지는 개발해도 수익성이 없었다. 개발 초기에도 주상복합용지는 형식적으로는 상업용지지만 높은 용적률[9]에 주거기능을 많이 도입할 수

9 건축물 연면적을 대지면적으로 나눈 비율. 연면적은 건축물의 바닥면적을 모두 합친 면적이다. 다만, 주차용 면적, 지하층 면적 등은 용적률 산정에서 제외된다.

있어 수요가 높다. 오피스텔도 업무시설로 분류하지만 주거 기능을 겸할 수 있어 오피스텔 개발이 가능한 업무용지는 순수 업무용지보다 시세가 높게 형성된다.

초창기보다는 덜 하지만 지금도 업무기능 개발은 쉽지 않다. 인천시는 주거용지 개발에 따라 인구가 크게 늘어서 업무용지 개발 수요가 자연스럽게 높아질 때까지 오래 기다릴 수 없었다. 이 때문에 주택사업으로 번 돈으로 업무기능 개발에 따른 손실을 메꾸도록 하는 일종의 일괄 거래를 추진했는데 이것이 바로 연동개발 사업이다.

### 개발초기에 업무기능 개발은 왜 힘든가?

통상적으로 개발 초기에는 업무지구 조성이 힘들다. 인천시는 송도에서 다국적기업 지역본부, 대기업 본사, 금융·법률·회계·컨설팅 등 비즈니스 서비스 기업 집적지를 조성할 계획이었다. 그러나 이들 업종은 업체 규모가 클수록 집적 의존도가 높기 때문에 대도시 중심업무 지역에 입주하려고 한다. 즉, 동종업체나 연관업체가 몰려 있고 고객을 만나기 쉬운 곳에서 사업하기를 좋아한다. 이들 업종에서는 정보취득이나 거래비용, 특히 대면접촉이 상당히 중요한 역할을 한다. 대면접촉은 정보통신기술이 발달해도 대체하기 힘든 속성이 있다. 금융회사들이 여의도나 종로, 을지로를 선호하는 이유가 여기에 있다.

기업들이 몰려있는 집적지는 그만큼 땅값이 높다. 하지만 농장이나 공장과 달리 업무기능은 사무실에서 하는 일이다. 사무실은 빌딩에 많이 수용할 수 있으므로 업무기능은 고층빌딩을 사용해 비싼 땅값에 대응할 수 있다. 요약하면 업무기능은 땅값이 싼 곳보다는 땅값이 비싸도 연관기업이 몰려 있고 사람들이 많이 찾는 곳을 좋아한다는 것이다. 즉, 땅값이 아무리 싸다고 해도 다른 기업이나 고객과의 대면 접촉이 힘든 곳으로는 웬만해선 가려하지 않는다.

### 개발이익이 큰 연동개발

연동개발은 다양한 유형이 있다. 수익사업으로 주거기능이 들어가되, 연동사업 대상은 업무시설, 지원시설, 관광·레저시설 등 다양하다. 이를 유형별로 살펴보자. 첫 번째 유형은 주거와 업무기능을 연계하는데 주택사업으로 인한 개발이익 규모가 커 업무기능까지 동시 개발이 가능하고 때로 특혜 시비도 일어나는 프로젝트다. 송도국제업무단지와 6·8공구 랜드마크시티 사업을 꼽을 수 있겠다. 토지 조성원가가 낮은 반면 주택 사업성이 높은 프로젝트인데, 연동개발에 따른 의무 이행 문제로 갈등이 발생했다.

## 송도국제업무단지 협약 주요 내용

송도국제업무단지 조성사업은 송도 1·3공구 및 2·4공구 일부를 개발하는 것으로 사업비는 24조4,000억 원에 달한다. 개발사업자가 수익시설인 주거시설과 비수익시설인 업무시설을 연계 개발해 조기에 국제업무단지를 조성하는 것이 사업 목표다. 사업시행자는 게일사와 포스코건설 합작법인인 송도국제도시개발유한회사(이하 NSIC)[10]다. 약 117만 평을 1조 2,600억 원에 팔았다. 평당 단가는 107만 원이다. 계약 당시 추정 조성원가는 83만 원이었다.[11] 하지만 117만 평에는 컨벤션센터, 센트럴파크, 외국인 학교, 인천아트센터(현 아트센터 인천) 용지 등 무상 매입한 공공성 용지가 포함되어 있다. 이를 감안하면 평당 단가는 140만 원대다. 사업성이 없는 골프장 부지와 컨벤션센터, 센트럴파크, 외국인학교 조성비용 등을 고려하면 NSIC는 실제 토지 매입단가가 훨씬 더 높다고 주장할 것이다. 2006년에 GIK 사장이 평당 매입단가가 180만 원

---

10 New Songdo International City Development LLC

11 2002년 3월 본계약 이후 조기종결계약 등으로 인해 면적과 가격에 변화가 있었지만 큰 변화는 없었다. 큰 변화는 용적률 인상에 의한 연면적 증가에 집중됐다.

<그림 2-1> 송도국제업무단지 조감도

자료: KPF(송도국제업문단지 설계회사)

이라고 주장한 적이 있다.

최초 계약에 따르면 NSIC는 컨벤션센터, 60층 규모 세계무역센터World Trade Center(지금의 포스코타워-송도),[12] 오피스 빌딩 59개, 호텔 4개, 주거단지, 백화점 및 쇼핑몰, 골프장, 센트럴파크, 외국인학교 등을 개발하기로 했다. 이 중 개발계획의 핵심인 오피스 빌딩 59개 건립은 비현실적이었다. NSIC가 약속한 59개 오피스 빌딩 중 2018년 현재 완공된 것은 5개 동에 불과하다.

최기선 시장 임기 말인 2002년 3월에 체결된 최초 협약에는 개발이익 환수장치가 없었다. 주거시설과 업무시설을 동시에

---

12 한글과 영어 명칭, 약칭 때문에 동북아트레이드타워, NEATT, NEAT 타워 등 여러 이름으로 불리다 포스코타워-송도로 이름이 바뀌었다.

착공해 사업기간 내에 완공한다는 연계개발 의무가 있었지만 이를 강제하기 위한 장치는 없었다. 토지가격이 낮긴 하지만, 계획대로 이행돼 조기에 업무시설이 완공된다면 특혜라고 볼 수 없는 계약이었다. 하지만, 계약의 현실성이 없고 계약을 이행시킬 수 있는 구속력 있는 장치도 없었다.

## 안상수 시장 취임과 NSIC의 용적률 인상 요구

NSIC는 2002년 하반기 안상수 시장 취임 초기부터 마스터플랜 수정과 주거용지 용적률 인상을 요구해 왔다. 그러나 후보 시절 NSIC 사업에 비판적이었던 안 시장은 개발이익 환수 방안을 포함한 재협상 추진을 지시했다. 인천시 도시개발본부와 인천발전연구원이 기존 협상안을 재검토했다. 인천발전연구원은 업무시설을 동시 착공해도 이후 공사를 지연시킬 수 있다는 점에 주목했다. 동시 착공 의무가 실효성이 없고 사업자가 주택사업에 주력할 가능성이 크다고 판단한 것이다. 이 때문에 개발 진도가 일정 수준에 미치지 못하면 토지 일부를 판 가격에 재매입하거나 2단계 개발권을 회수하자고 제안했다. 사업자가 요구하는 용적률 인상 대가로 업무·주거용지 일부를 인천시로 환수하자는 제안도 더했다.

그러나 도시개발본부는 부정적이었다. 우선, 계약사항 변복을 요구하기 어렵다고 했다. 그리고 기한 내 동시 착공하기로 한 업무시설을 완공하지 못하면 계약해지가 가능하다는 이유로 계약을 변경하지 않아도 문제없다는 입장이었다. 하지만, 이 주장은 틀렸다. 업무시설을 착공만 하고 진척이 없는 상태에서 주거시설 개발완료 후 계약을 해지하면 비수익시설 건립 의무를 면제해 주는 셈이므로 오히려 특혜를 주는 것이다. 이미 분양된 아파트는 환수할 수 없다. 따라서 계약을 사업 초기에 해지하지 않는 한 계약해지는 의미가 없었다. 당시 게일사와 협상 업무를 맡았던 직원 중 한 명인 도시개발본부 과장은 2년 후인 2004년 게일사 상무이사로 이직했다. 2006년엔 도시공사 계약직 직원 2명이 게일사로 전직했다.

안 시장은 개별 단위 사업별로 정산하는 방안도 검토하도록 지시했다. 개별사업별 손익 추정을 근거로 게일사에 일정 이윤을 보장해주고 나머지 이윤은 인천시가 공동 관리한 뒤 재투자하자는 것이었다. 게일사를 개발사업자 아닌 자문 기관으로 활용하는 방안도 검토하라고 지시했다.

모두 바람직한 방안이었지만, 이미 유리한 계약을 맺은 상태에서 게일사가 그 제안을 수용할 가능성은 없었다. 게일사 회장은 오히려 인천시에 편지를 보내 기존 용적률을 따르면 건물 높이가 일정한 탓에 도시 스카이라인이 단조로워질 수밖에 없다며 용적률을 올려달라고 요구했다. 스카이라인에 변화를 주려면 전체 연면적이 같은 상태에서 건물 높낮이를 달리하는 방법도 있기 때문에 이 주장은 핑계에 지나지 않았다. 용적률 인상을 통해 사업성을 높이려는 목적이 분명했다.

## 인천시의 용적률 양보와 컨벤션센터 건립

NSIC와 맺은 계약을 수정해서 개발이익을 환수하려 한 안 시장의 최초 판단은 옳았지만, NSIC가 수용하지 않을 것이 당연해 실현 가능성이 없었다. 그러나 NSIC가 용적률 인상을 원하므로 그 요구를 들어주고 그 대가로 부지를 일부 회수하거나 구속력 있는 연동개발 의무 조항을 만드는 것은 가능했다. 하지만, 인천시는 실랑이 끝에 사업자 요구대로 용적률을 인상해주거나 부지 용도를 변경해 주기도 했다. 최초 계획은 용적률이 지나치게 낮아서 어차피 올릴 필요가 있었다. 용적률을 올려주고 양보를 끌어내야 했다. 그러나 인천시는 별다른 반대급부 없이 용적률을 두 배 이상 올려주고 말았다.

인천시의 과도한 양보 사례를 보자. 송도국제업무단지의 선도사업인 컨벤션센터(지금의 송도 컨벤시아)는 원래 NSIC가 3억 달러에 짓고 인천시가 조성원가에 매입하기로 했다. 그런데 NSIC는 수요를 고려해서 2단계로 나누어 조성하자고 제안했다. 합리적 안이었지만, 인천시는 1단계 컨벤션센터 매입대금 1천200억 원도 부담스러웠다. 그래서 컨벤션센터를 무상

<그림 2-2> 컨벤시아와 더 샵 퍼스트월드 공사 현장

자료: 인천경제청

으로 받고 컨벤션센터 지원부지 일부 용도를 주상복합용지로 변경해 주기로 합의했다. 그 주상복합용지가 바로 지금의 더 샵 퍼스트월드가 있는 부지다. 40층 주상복합 건물 2동을 짓기로 합의했다.

인천시는 다시 컨벤션센터 공사비를 1천500억 원으로 증액하라고 요구했다. 더 좋게 지으라는 것이었다. 하지만 공사비를 300억 원 더 늘리고 NSIC가 얻은 이익은 이와 비교하기 어려운 수준이다. 인천시는 64층 주상복합 4동을 짓고 오피스텔까지 짓도록 허용해 주었다. 평당 1,400만 원 가까운 고분양가에도 불구하고 더 샵 퍼스트월드 주상복합은 성공적으로 분양됐다.[13] 경실련(2010)이 추정한 개발이익은 6,935억 원에 달한다. 경실련은 공사비를 평당 500만 원으로 가정했는데, 64층의 높이를 감안하면 다소 낮은 수준인지도 모른다. 하지만, 공사비를 더 높게 가정하더라도 분양가와 용적률이 아주 높아 이익이 수천억 원에 달하다고 볼 수 있다.

경실련 주장에 따르면 인천시는 7천억 원을 안겨주고 1,500억 원을 받은 셈이다. NSIC는 컨벤션센터, 센트럴파크, 국제학교에 각각 1,500억 원, 2,300억 원, 1,500억 원을 투입했다. 이 때문에 적자가 불가피했다고 항변한다. 하지만, 그 비용은 더 샵 퍼스트월드의 개발이익으로 충당이 가능했던 수준이어서 NSIC 주장은 설득력이 약하다.

### 연동개발 약속을 어긴 NSIC

용적률을 크게 올려 개발이익이 급증하는 특혜를 줘도 업무시설 건립 실적이 부진하자 지역사회 안팎에서 비판적 여론이 형성됐다. 인천경제청 역시 문제점을 인식하고 2005년 8월 연동개발 협약을 맺고 주거와 상업·업무시설을 유사한 속

---

13 오피스텔 분양가는 737만 원/평

도로 연동개발하는 안에 합의했다. 그러나 이행을 위한 구속력 있는 장치는 마련하지 않았다. 그 후에도 상업·업무시설 개발이 지연돼 합의는 잘 지켜지지 않았다.

감사원(2009)이 연동개발 의무가 잘 지켜지지 않고 개발이익 유출이 일어났다는 점을 지적하는 등 문제가 지속되자, 인천경제청은 2010년 4월 변경계약을 맺는다. NSIC 소유 일부 토지 3만2,000평을 실비용을 포함한 취득가격에 재매입하는 한편 국제업무단지 개발과정에서 내부수익률[14] 15%를 초과하는 개발이익 50%를 공공시설에 재투자하기로 한 것이다. 2011년 5월엔 초과 개발이익 환수규정을 변경해서 NSIC 순현금[15] 50%를 제공하기로 합의했다. 적자가 발생하지 않는 한 개발이익 환수가 가능하므로 진전된 합의다. 그러나 사업자가 개발이익을 외부로 유출할 수 있다는 점에서 개발이익 환수 가능성은 여전히 불확실하다. 현재 송도국제업무단지 사업은 게일사와 포스코건설의 갈등으로 2015년 하반기부터 개발이 중단되는 등 차질을 빚고 있다.

---

14 內部收益率, internal rate of return. 미래의 현금 수입액이 현재의 투자가치와 동일하게 되는 수익률이다. 프로젝트의 수익성을 재는 척도이고 내부수익률이 높으면 수익이 높게 표시된다.

15 純現金, Net Cash. 당장 현금화할 수 있는 자산에서 부채를 모두 차감한 금액. 기업이 지금 청산한다 했을 때 손에 쥘 수 있는 금액을 의미한다.

## 송도랜드마크시티 사업 개요

송도랜드마크시티 개발사업은 6·8공구 전역 69만 평에 151층 인천타워와 신도시를 건설하는 게 골자다. 인천타워 건설비용 3조 원을 포함해 사업비가 17조 원에 달할 것으로 추산됐다. 인천타워 추정 사업비는 발표 시기와 환율에 따라 유동적이어서 3조 원에서 3조7천억 원을 오갔다. 사업시행자는 포트만 홀딩스Portman Holdings, 삼성물산, 현대건설 합작법인인 송도랜드마크시티유한회사Songdo Landmark City LLC(이하 SLC)고, 협약은 2006년에 체결됐다. SLC는 비수익시설인 151층 인천타워를 개발하는 대가로 평당 240만 원에 69만 평의 토지를 공급받기로 했다. 또한 6·8공구에 신도시를 개발한 후 내부수익률IRR 15% 초과 이익을 인천시와 반씩 나누기로 했다.

초고층빌딩은 일반 빌딩보다 단위 면적당 건축비가 2~3배

<그림 2-3> 송도랜드마크시티 조감도

자료: John Portman Associates

가량 더 들어 사업성이 없는 경우가 많다. SLC는 인천타워로 인한 손실을 1조5천억~2조 원으로 주장했다. 인천타워 손실을 고려해도 개발이익이 크게 발생할 것으로 판단하고, 15% 이상의 초과 수익을 반분하기로 한 것이다. 그러나 3년 뒤 감사원 지적처럼 수익률에 대한 명확한 규정이 없고, 개발이익 산정에 대한 합의가 되지 않아도 인천시가 청구권을 행사할 수 없게 규정한 게 문제였다. 즉, 실질적인 개발이익 환수장치가 없었던 것이다.

## SLC 토지 공급가격이 240만 원/평이 된 이유

애초 SLC는 부지를 조성원가에 공급받기로 했지만, 우여곡절이 발생했다. 원래 제2외곽순환고속도로는 사업 부지를 남북으로 관통하는 것으로 되어있었다. SLC는 이렇게 되면 인천대교와 연결하는 분기점junction 조성 부지가 필요하고 고속도로 때문에 도시가 동서로 분단되는 부작용이 있다고 판단했다. 그래서 제2외곽순환고속도로 노선을 6·8공구 전면 바다로 우회시켜 인천대교와 연결하는 것으로 대안을 마련했다(〈그림 2-4〉). 제2외곽순환고속도로는 정부가 민간투자사업으로 추진하는 도로여서 인천시 재정부담이 없는 시설이었다. 하지만, 인천시가 바다를 지나는 것으로 노선을 변경하면 해

<그림 2-4> 제2외곽순환고속도로 변경 노선

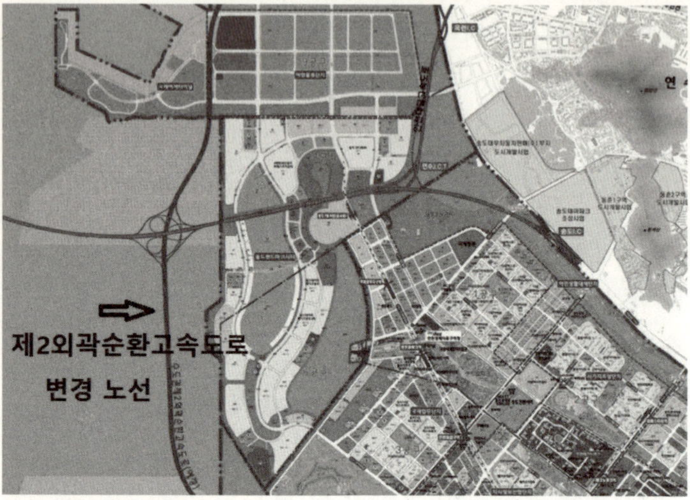


자료 : 경제청 자료 재구성

상교량으로 건설해야 하므로 공사비가 늘어나게 된다.

제2외곽순환고속도로 민간사업자 입장에서는 인천시 요구로 노선을 변경해서 늘어나는 추가 공사비는 인천시가 부담하는 것이 당연하다. 따라서 인천시는 추가 공사비를 인천시의 6·8공구 부지 조성비용에 포함할 수밖에 없었다. 인천시와 SLC는 그 비용으로 2,500억 원을 예상했다. 이 비용이 추가되면 6·8공구 평당 조성원가는 약 240만 원으로 높아진다고 추정했다. 그런데 제2외곽순환고속도로 민간사업 제안자인 대우건설은 추가 공사비로 4,592억 원을 주장했다. 남이 돈을 내니 세게 부를 것은 당연한 처사였다. 감사원(2009)이 추가 공사비로 2,500억 원이 아닌 4,592억 원을 반영해 재추정한 6·8공구 평당 조성원가는 272만 원이었다. SLC는 조성원가가 예상보다 오를 가능성이 대두되자 부지공급가격을 평당 240만 원으로 제한하기를 원했고 뜻을 이뤘다.

## 151층 인천타워를 먼저 지어야 하는 이유

SLC와 계약은 개발이익 환수를 규정했다는 점에서 개발이익 환수 규정이 없었던 NSIC와의 최초 계약보다 진일보했다고 할 수 있다. 하지만, 구속력이 없었기 때문에 별 의미는 없다. 그나마 다행히도 151층 인천타워를 우선 개발하게 함으로써 SLC가 주택사업만 우선하고 인천타워 건설을 미룰 수 없었다. 인천타워도 연면적 절반이 주거시설이기는 하다. 그러나 주거시설이긴 하지만 단위면적당 공사비가 많이 들어서 고분양가가 불가피하므로 사업성이 높다고 보기 어려웠다. 타워 절반인 비주거시설은 적자가 확실했다.

협약에 따르면 SLC는 신의성실의 원칙에 따라 인천타워를 우선하여 설계 및 건축할 수 있도록 협력한다고 되어있었다. 물론 인천타워를 먼저 건설하지 않을 때 적용하는 페널티 조항은 없었다. 하지만, 안상수 시장의 인천타워 선행 건설 의지가 강했고 인천타워 건설 부지를 1공구와 연접한 곳에 우선

매립해 조성했기 때문에 SLC가 매립 중인 주변 갯벌에 아파트를 먼저 지을 수는 없었다. 설령 전체 부지가 조성돼도 핵심 시설인 인천타워를 짓지 않는데 인천경제청이 주택사업을 승인해줄 가능성도 적었다.

### 151층 인천타워 무산되고 결국 재협상으로 가다

2008년 인천타워 기공식이 열렸다. 그러나 글로벌 금융위기 이후 부동산 경기 침체를 이유로 테스트파일 시추 작업 이외에는 공사를 하지 않았다. 이에 따라 재협상론이 제기됐다. 인천타워 층고를 낮추는 대신 제공 부지를 축소하고 잔여 토지를 인천시 및 인천경제청 회계로 편입하는 안이 추진됐다. 최종적으로 10만3천 평의 공동주택 용지를 평당 300만 원에 제공하고 잔여 토지는 회수하는 것으로 타결됐다. 민선 5기인 송영길 시장 때 재협상안 골격이 만들어졌고 2015년 1월 민선 6기 유정복 시장 시기에 협상이 공식적으로 타결됐다.

### 사업성이 불확실한 연동개발

연동개발의 두 번째 유형은 업무기능과 연계된 주거기능

개발이익이 미흡해 사업이 착수되지 못하고 취소되거나 지연되는 개발사업이다. 대부분 영종에서 추진됐던 프로젝트들이다. 영종은 갯벌을 매립한 송도와 달리 사유지를 수용해 사업을 해야 하는 곳이므로 토지 조성비용이 높다. 또한, 대도시와 멀어 아파트 가격이 낮기 때문에 송도보다 사업성이 떨어질 수밖에 없었다.

### 용유·무의 문화·관광·레저 복합도시(에잇시티)

용유·무의 지역에 추진된 에잇시티는 사업 면적 79.5㎢(2,420만 평)로 마카오 3배, 여의도 27배 규모에 달한다. 총 317조 원을 투입해 카지노 호텔과 F1 자동차 경주장 등 문화·관광·레저 도시를 개발하는 초대형 프로젝트다. 용유·무의 관광단지 개발사업은 1998년부터 시작됐다. 미국 법인 CWKA, 그리고 그 뒤를 이은 ㈜오시아나 엔터테인먼트 그룹(이하 ㈜오시아나)이 수조 원을 투자해 개발하려다 재원조달 문제로 무산됐다.

2007년부터 유럽 호텔체인 켐핀스키Kempinski가 주도한다고 자처하는 K컨소시엄[16]이 인천시와 기본협약을 맺고 다시 추진하고 나섰다. K컨소시엄은 CWKA 안보다 규모를 크게 불

16 정식 명칭은 Kempinski 컨소시엄인데 줄여서 K컨소시엄이라고 주로 불렀다.

<그림 2-5> 에잇시티 조감도

자료: ㈜에잇시티

려 21.65㎢(655만 평)에 80조 원 규모의 융유·무의 문화·관광·레저 복합도시 사업을 제안했다. 새 제안은 이전 계획에는 없던 주거용지를 대폭 늘리는 내용을 담았다.

사업을 수행하지 못하던 K컨소시엄은 2011년에 ㈜에잇시티라는 SPC(Special Purpose Company, 특수목적회사)를 설립하고, 2012년에 한발 더 나아가 사업을 크게 확대하는 초대형 프로젝트를 들고 나왔다. 그 프로젝트 명칭이 에잇시티였다. 〈그림 2-5〉에서 볼 수 있듯이 '8'자 모양의 매립지 때문에 에잇시티라는 이름이 붙었다. 이들은 에잇시티를 추진하면서 사업면적과 사업비를 이전 80조 원의 약 4배인 317조 원으로 늘렸다. 이 사업은 ㈜에잇시티가 약속한 자본금 4천만 달러를 조달하지 못해 2013년 8월 인천경제청이 개발사업 해지를 공식 발표하면서 무산됐다.

### 밀라노디자인 시티Milano Design City(MDC)

MDC 사업은 영종도 운서동 일원 3.6㎢ 면적에 3조7,500억 원의 사업비를 들여 일산 킨텍스 전시면적 4배가 넘는 대규모 컨벤션센터와 디자인, 전시, 문화, 교육시설을 짓는 프로젝트다. 일산 킨텍스 2관이 만들어지기 전인 계약 당시 기준으로는 컨벤션센터 전시면적이 킨텍스 8배에 달했다. 사업시행자는 인천시 공기업들과 I-City 우드, 신한은행 등 민간회사들이 참여해 2007년에 설립한 SPC인 ㈜FIEX(피에라인천전시복합단지)였다.

예술의 전당을 설계한 저명한 건축가인 김석철 교수가 2004년 베니스 비엔날레에서 출품한 도시계획 분야 출품작 '밀라노 디자인시티'에서부터 출발한 프로젝트였다. 김 교수는 인천시와 밀라노시의 가교 역할을 하며 이 사업을 추진했다. 앞서 김 교수는 새만금을 이탈리아 베네치아 같은 해상신도시로 만드는 안을 제안해 관심을 불러일으키기도 했다. 중국 랴오닝성의 작은 도시인 진저우를 베네치아 같은 해상신도시로 만드는 일을 추진하기도 했다. 계획은 거창했지만 현

<그림 2-6> 밀라노 디자인 시티 조감도

자료: ㈜FIEX

실성은 부족했다.

MDC는 밀라노의 전시·교육·문화·예술기관을 유치하는 계획을 세웠다. 이 같은 시설은 수익을 내긴 힘들지만, 밀라노 측은 한국 측이 사업비를 부담하는 만큼 꺼릴 이유가 없었다. 국내 사업자는 부족한 사업성을 메꾸기 위해 대규모 주거단지를 병행해서 건설한다는 계획을 수립했다. 2009년 트리엔날레 임시 전시관 개장 행사에는 양국 역사상 최초로 이탈리아 대통령이 참석하기도 했다. 하지만, ㈜ FIEX는 8,300억 원의 토지대금을 조달하기 위한 프로젝트 파이낸싱(PF) 조성에 실패하고 트리엔날레 등 일부 시설만 적자 운영하다 자본금 60억 원을 모두 날리고 만다. 부채도 89억 원에 달해 2011

년에 사업을 접었다.

### 영종브로드웨이

2008년부터 추진된 영종브로드웨이 프로젝트는 영종 하늘도시 내 구읍 뱃터 인근 약 17만 평 부지에 10조 원을 투입해 뮤지컬 전용 공연장 10여 개, 뮤지컬 관련 테마파크, 아트스쿨, 호텔, 쇼핑시설 등을 건립하는 사업이다. 대도시와 먼 곳에 연극 및 뮤지컬 공연 시설을 대규모로 조성하는 것이 사업성이 있을 수 없었다. 때문에 사업자는 주택사업도 추진하려고 했다. 그러나 토지소유자인 LH가 토지 공급가격을 감정가인 평당 770만 원으로 높게 책정하고, 글로벌 금융위기 여파로

<그림 2-7> 영종브로드웨이 조감도

자료: 엥글우드 홀딩스

투자자 모집에도 실패해 결국 2010년 개발협약이 해지됐다.

사업자는 두바이 이마르Emaar 그룹과 협력 관계라고 주장하는 홍콩의 엥글우드 홀딩스Englewood Holdings였다. 당시 확인 결과 회사 주소를 7개 회사가 공유하고 있었다. 이마르는 버즈 두바이 사업주인 두바이 국영개발업체다. 법인 등록 주소로 추정해 보면 엥글우드 홀딩스는 아주 작은 회사인데 대기업인 이마르가 재무적 투자자로 참여한다고 했으니 전후사정을 이해하기 어렵다. 홍콩에는 수십만 원만 내면 법인을 설립해주는 회사가 많다. 자본금이 없어도 회사를 설립할 수 있지만 주소는 꼭 필요한 탓에 이들은 법인 설립 시 등기, 사업자 등록, 사업장 주소지 제공을 대행해 준다. 돈을 더 내면 비서가 전화를 받아주는 서비스도 제공한다. 물론 신설법인 직원은 아니고 법인 등록을 도와주는 회사 직원이다. 급하면 2~3시간 만에 회사를 만들어 주는데 이런 식으로 만들어진 회사가 외투기업 행세를 하면서 경제자유구역 사업에 기웃거리곤 했던 것이다.

### 웨인그로우 레이싱 · 라이프스타일 클럽

2013년 영국계 투자회사 웨인그로우 파트너스Weingrow Partners는 영종하늘도시 투자유보지 66만㎡(20만 평)에 6억 달러 규모의 '레이싱·라이프스타일 클럽'을 건립하는 프로젝트를 발표하고, 인천시와 MOU를 맺었다. 당시 웨인그로우 런던 사무실 주소를 확인해 보니 작은 4층 건물에 수십 개 회사가 적을 두고 있었다. 최근에는 22개 회사가 그 주소를 공유하고 있다(〈그림 2-9〉). 번듯한 사무실이 없다는 이유로 문제 있다고 단정할 수는 없다. 그래도 국제적인 대규모 투자와 컨설팅 업무를 어떻게 할지 궁금증을 불식시키기 힘들다.

사업 계획에는 7성급 호텔과 5㎞에 이르는 FIA[17] 공인 1등급 레이스 트랙을 설치한다는 안도 있었다. 트랙 길이만 보면 F1 대회가 가능한데 실제 F1 대회를 개최하려면 관중석과 주차장을 포함해 부지가 수십만 평 필요하다. 레이싱클럽 멤버를 위한 트랙이라면 관중석을 짓지 않아도 되지만 굳이 5㎞에 달하는 긴 트랙을 지을 필요가 없다. 조성원가로 공급받는다고 해도 가격이 평당 365만 원인 토지를 매입해서 20만 평 부지 대부분에 5㎞ 자동차 레이싱 트랙을 짓는다는 것이 사업성이 있을 리 없다. 웨인그로우의 영종도 사업은 아무런 진척 없이 흐지부지되고 말았다.

**17** F1 경기 등을 주관하는 국제자동차연맹

<그림 2-8> 웨인그로우의 레이싱·라이프스타일 클럽 조감도

자료: 엥글우드 홀딩스

<그림 2-9> 웨인그로우 파트너스 주소지 건물

주: 1층에 Mephisto라고 쓰여 있는 건물에 웨인그로우를 포함한 수십 개 회사가 적을 두고 있다.
자료: 이미지 캡처 ©2018 Google

### 앵커시설을 조성하기 위한 연동개발

세 번째 유형은 수익 및 비수익 시설을 연동해 착공하지만, 사업 주체가 민간기업이 아닌 공영사업자이며 비수익 시설로 교육 등 공익적 기능이 있는 프로젝트다. 네이버 국어사전은 앵커시설에 대해 "경제자유구역이나 행정중심복합도시처럼 새롭게 조성되는 도시에 활력을 불어넣을 만한 핵심 자족 시설로 대학, 외국교육기관, 국제기구, 병원 등이 있다"고 설명하고 있다. SPC를 설립하여, 인천시가 SPC에 조성원가로 부지를 공급하고 SPC가 수익시설 개발이익으로 앵커시설을 짓는 방식으로 추진됐다.

### 송도국제화복합단지(연세대 국제캠퍼스)

송도국제화복합단지 사업은 송도 7공구 256,614㎡(7.8만 평)에 아파트와 상업시설을 개발하고, 그 이익금으로 616,017㎡(18.6만 평) 규모의 연세대 국제캠퍼스를 조성하는 프로젝트다. 2006년 인천시와 연세대가 협약을 맺어 시작됐다. 당시 7공구의 조성원가는 150만 원/평이었지만 50만 원/평으로 부지공급 가격이 결정됐다.

사업시행자는 SPC인 송도국제화복합단지개발(주)이며 수

<그림 2-10> 송도국제화복합단지 조감도

자료: 인천경제청

익부지 개발이익은 약 9천900억 원, 연세대 송도캠퍼스 조성 비용은 6천500억 원으로 예상됐다. 그러나 개발이익 추정 시기가 부동산 호황기였고 이후 부동산 경기침체기가 도래했기 때문인지 남는 돈이 없다고 한다. 2014년부터 연세대 신입생 전원이 송도 국제캠퍼스 기숙사에서 1년간 생활하며 공부한다. 그 외에도 글로벌융합공학부, 약학대학, 언더우드 국제대학 일부 과정이 운영되고 있다.

### 인천글로벌캠퍼스(송도 글로벌대학캠퍼스)

이 프로젝트는 송도 7공구 295,000㎡(약 8.9만 평) 면적에 1조 700억 원의 사업비를 들여 외국대학 캠퍼스 유치를 위한 글로벌대학캠퍼스를 조성하는 사업이다. 지금은 인천글로벌캠퍼스로 명칭이 변했다. 토지 공급가격은 사업 추진 당시 조성원가인 평당 150만 원이었다. 94,300㎡(약 2.8만 평)의 수익부지 개발권을 별도로 받은 민간건설회사가 아파트를 건축하고 약 5,000여억 원의 개발이익을 글로벌대학캠퍼스에 지원하도록 했다.

2008년에 시작된 1단계 사업은 2012년에 완료됐고 국비 25%, 시비 25%, 민간 50% 비율로 5,040억 원이 투입됐다. 1단계 사업 당시 부동산 경기가 안 좋았고 민간건설회사가 인기

<그림 2-11> 인천글로벌캠퍼스 전경

자료: 인천글로벌캠퍼스

가 낮은 대형 평형 위주로 아파트를 공급해 분양실적이 저조했다. 이 때문에 약정 대금을 제때 지급하지 못해 어려움을 겪기도 했다. 현재 뉴욕주립대학교 분교 등 5개 대학이 입주해 있으며, 인천경제청은 2단계 사업을 준비하고 있다.

## 3. 이름뿐이라도 외국인투자가 우선이다

### 외환위기의 충격 외국인투자 중시 정책으로 연결되다

경제자유구역법 제1장 제1조는 "이 법은 경제자유구역의 지정 및 운영을 통하여 외국인투자기업[18]의 경영환경과 외국인의 생활여건을 개선함으로써 외국인투자를 촉진하고 나아가 국가경쟁력 강화와 지역 간 균형발전을 도모함을 목적으로 한다"고 규정하고 있다. 경제자유구역법이 외국인투자 유치를 목적으로 하고 있다는 점은 자명하다. 경제자유구역 관련 정책과 사회적 통념 역시 외국인투자 유치를 경제자유구역의 목적으로 간주하고 있다.

이렇게 된 데는 두 가지 이유가 있다. 우선 외국인투자 유치를 전면에 내세우지 않았다면 인천에 경제자유구역을 지정

18 줄여서 외투기업으로 부르기도 한다.

하기 쉽지 않았을 것이다. 수도권 규제를 원하는 비수도권 정서와 논리를 고려하면 수도권인 인천에 특구를 지정해 국내(대)기업에 규제를 면제해주고 인센티브와 특례를 제공하겠다는 정책은 반발을 불러올 가능성이 크다. 경제자유구역법에는 외투기업에 대해서 수도권 규제를 적용하지 않게 되어 있다. 또 다른 이유는 IMF 외환위기를 겪은 후 우리 사회에서, 특히 관료나 전문가 집단에서 외국인투자 유치를 중요한 과제로 생각하는 경향이 강해진 점에서 찾을 수 있다. 1998년, 당시 보편적 견해를 보여주는 신문 기사 일부를 소개한다.[19]

> "더 이상 위기 타령을 하고 있을 여유가 없다. 한국의 외채는 기업 현지금융까지 합쳐 1천8백억 달러가 넘는다. …… 돌파구는 외국인 투자에서 찾을 수밖에 없다. 돈이 들어와 회사를 세우고 공장을 돌려야 실업자가 줄고 경기가 회복돼 우리 경제가 IMF 관리를 벗어날 수 있다는 얘기다."

외국인투자 방식은 크게 두 가지로 구분할 수 있다. 첫째, 시세차익을 노리고 국내 주식이나 채권을 사는 것으로 흔히 '외국인간접투자'가 있다. 둘째는 경영 참여 목적으로 투자하는 것인데 '외국인직접투자'라고 한다. 후자는 FDI[Foreign Direct

19 특별취재팀, [외국인투자 유치 막힌 곳을 뚫자] 1.부끄러운 '투자 변방', 중앙일보, 1998.3.13., http://news.joins.com/article/3616970

<그림 2-12>.국내 도착기준 FDI 유입액

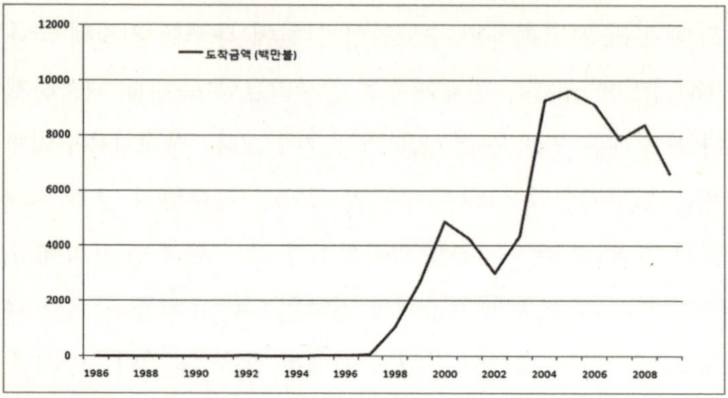


자료: 허동훈(2010), 경제자유구역 국내기업역차별 문제 개선방안, 인천발전연구원(원자료: 지식경제부 외국인투자 통계)

Investment라고 부르기도 한다. 경제자유구역에서 말하는 외국인투자는 주로 FDI를 가리킨다.

개발도상국이 경제발전을 하기 위해선 자본과 기술이 부족한 탓에 외자에 의존하지 않을 수 없었다. 한국은 FDI가 없지는 않았으나 주로 외국 자금 차입에 의존했고, 국내 증권시장을 통한 외국인간접투자도 규제했다. FDI를 적극적으로 유치하려는 움직임도 있었지만, 국내시장 보호 때문에 한계가 있었다. 중국이나 동남아, 아일랜드 등 외국 사례를 보면 경제성장과 FDI가 맞물리는데 한국과 일본은 예외적이어서 FDI 비중이 작아도 경제성장에 성공했다.

한국에서 1986년까지 FDI 총액은 아주 미미했다. 1984년 FDI가 원칙적으로 자유화되면서 늘어나기 시작했지만 변화의

계기는 역시 IMF 외환위기였다. IMF 외환위기 후 FDI가 급증했다(〈그림 2-12〉). 1997년까지 도착 FDI가 0으로 보이지만 액수가 5천만 달러 이하로 작아서 그렇게 보일 뿐이다. 외환위기 후 외국인투자에 대한 분위기가 급변한다. IMF가 외국자본의 진입을 막는 각종 장벽 해체를 요구했고, 정부도 외국인투자 장려정책을 적극 추진하기 시작했다. 국민들 인식도 변했다. 자본시장 개방조치가 취해졌고, FDI 유치를 위해 '외국인투자촉진법'(이하 외촉법)이 제정됐다. 경제자유구역 정책은 이런 분위기에 힘입어 추진됐기 때문에 외국인투자를 우선하고 결과적으로 국내기업을 역차별하는 내용을 담게 됐다.

### 외국인투자기업의 정의

외촉법에 의하면 외국인투자자가 경영 참여 목적으로 10% 이상 주식 또는 지분을 보유하면 외국인투자기업으로 간주한다. 해외 모기업 및 그 모기업과 일정한 자본출자 관계가 있는 기업이 국내 외투기업에 5년 이상 차관을 제공해도 외국인투자로 간주한다. 삼성전자, 포스코 등 외국인 지분이 절반이 넘는 국내 대기업이 많지만, 이 경우는 외국인투자기업으로 간주하지 않는다. 시세차익이나 배당을 목적으로 할 뿐, 경영 참여가 목적이 아니기 때문이다.

FDI는 주식 소유나 출연을 핵심으로 하고 있는데 이는 반드시 외국의 금전적 자본이 유입되는 경우에 한정되지 않는다. 자본재를 직접 도입하거나 지적재산권 및 이에 준하는 기술과 사용에 관한 권리를 출연해도 외국인투자로 인정받을 수 있다.

## 송도에 입주한 국내기업

경제자유구역법은 외국인투자 유치를 우선한다. 하지만, 인천경제자유구역에 들어온 기업 대다수는 국내기업이다. 2003년 경제자유구역 지정 이전부터 조성된 2공구 송도테크노파크에 입주한 30여 개 기업은 국내 중소기업이었다. 2005년부터 정보통신부는 인천경제청과 협력해 송도지식정보산업단지에 RFID/USN 클러스터 조성을 시도했다. 이 RFID/USN 클러스터를 지금은 u-IT 클러스터라고 부른다. 2007년에 20개 기업이 입주 승인을 받았는데 1개 기업만 외국계였다.

아파트형공장은 많은 사람들에게 익숙한 이름이다. 그러나 아파트형공장에서 제조활동을 하지 않는 기술기업의 비중이 커지자 정부는 2010년부터 '지식산업센터'로 이름을 바꾼다. 도시형 제조업, 지식기반산업, 정보통신산업, 지원시설 등이 입주할 수 있고 세제 혜택도 있다. 송도에는 법적으로는 지식산업센터가 아니지만 기능이 유사한 송도 IT센터를 포함해 6개 지식산업센터가 있고, 많은 국내 소기업이 입주해있다. 특히 BRC 스마트밸리에는 4개 지식산업센터가 있는데 2017년 기준 입주기업이 700개가 넘는다.

## 무늬만 외국인투자기업인 기업들

숫자만 보면 송도에 국내기업 비중이 압도적으로 크다. 하지만, 인천테크노파크와 u-IT 클러스터를 제외하면 경제자유구역 지정 후 땅을 분양받은 순수 국내기업은 없다. 필지를 분양받아 입주하는 기업은 외투기업만을 대상으로 했기 때문이다. 그런데 이들 기업은 무늬만 외투기업인 경우가 많다. 외국인이 경영권을 갖는 외국계 기업도 많지만, 외투기업 형식을 갖추기 위해 국내기업이 외국인 지분 10% 지분구조를 만들어 외투기업 조건을 갖춘 후 입주하는 것이다.

삼성바이오로직스는 미국계 바이오기업 퀸타일즈Quintiles가 출자총액 10%를 가지고 있었다. 외투기업 자격을 갖추고 무상임대로 송도에 입주했다. 그러나 현재 퀸타일즈 지분은 0.07%에 지나지 않는다.[20] 삼성바이오로직스는 2016년 말

---

**20** 노병철, 외국인투자유치 빌미로 1조 덕 보는 삼성바이오로직스, 데일리팜, 2017.10.18. http://www.dailypharm.com/News/232092

에 상장했는데 액면가 2,500원인 주가는 2018년 2월 현재 40만 원을 넘어섰다. 퀀타일즈 지분은 상장 전에 이미 0.08%로 내려가 있었다. 계속 증자에 참여하고 지분을 유지했으면 3조 원 가까운 이익을 거둘 수 있었는데 왜 그러지 않았는지 의아한 일이다. 외촉법 시행령 제2조에 따르면 외투기업으로 등록한 후 주식이나 지분 일부 양도나 감자 등으로 지분이 감소해도 외투기업으로 인정받는다. 퀀타일즈는 이름만 빌려주고 있는 셈이다.

대기업만 이렇게 하는 게 아니다. 2005년쯤 남동산단에 있는 자동차 부품 제조기업이 입주신청을 했다. 아직 외투기업은 아니지만 곧 외투기업이 될 예정이고 업종도 LED 중심 IT 기업으로 변신할 계획이니 받아달라는 요구였다. 그 LED라는 것이 회사에서 만드는 부품 중 하나로 비중도 아주 작은 자동차 내 LED 계기판이었다. 몇 년 후 확인해 보니 투자 유치 예정이었던 외국회사는 다른 회사로 바뀌었고 주력제품은 자동차부품 그대로였다.

전체적으로 보면 송도는 국내기업 수는 많지만 부지 면적은 외투기업이 많이 차지하고 있다. 영종이나 청라지구 일부 개발사업 공모에는 국내기업이 외국에 페이퍼컴퍼니를 설립해 외투기업 행세를 하거나 외국기업에게 수익률 보장을 해주고 컨소시엄에 참여시키기도 했다. 그런데, 수익률이 보장된다면 이는 대출이지 투자라고 말할 수 없다.

### 외투기업에 주는 가장 큰 혜택은 산업용지 조성원가 공급

외투기업에 대한 혜택은 조세감면, 진입장벽 해소, 조성원가 토지공급 등으로 대별된다. 진입장벽에 관한 한 외투기업으로 인정만 받으면 외국인 지분율이 무의미한데 조세감면은 외국인 지분율에 비례해서 적용하는 차이가 있다. 송도는 산업용지가 주변 산업단지 지가보다 훨씬 낮은 조성원가로 공급되는데 이 혜택도 외투기업에 한정되고 있다.

큰 공장은 국내기업이면 인천경제자유구역에서도 수도권 규제를 받기 때문에 국내 대기업 공장은 외투기업 형식을 취해야 한다. 법적으로는 조세감면 혜택을 못 받더라도 순수 국내 중소기업도 토지를 매입해 입주할 수 있다. 하지만, u-IT 클러스터의 예외를 제외하곤 인천경제청은 순수 국내기업에게 산업용지를 공급하지 않고 있다.

## 4. 산업용지는 조성원가 이하로 판다

### 경제자유구역법에 따른 토지 공급 방식과 가격은 다양하다

경제자유구역 내 개발사업으로 조성된 토지의 공급방법에

관한 법과 시행령 규정을 살펴보자. 경제자유구역법 시행령 11조는 조성토지를 공급하는 경우에는 경쟁 입찰의 방법을 따른다고 규정하고 있다. 다만, 외투기업, 외국교육기관, 외국의료기관, 국가, 지방자치단체에 조성원가 이하 수의계약으로 토지를 공급할 수 있다. 이 수의계약 조항은 임의규정이지 강행규정이 아니므로 경쟁입찰로 비싸게 팔아도 된다. 외투기업에 대한 조성원가 토지공급은 국내기업에 대한 역차별이지만 외국인 지분을 10% 참여시키면 이 역차별을 피할 수 있다.

하지만, 순수 국내기업도 조성원가로 부지를 공급받을 수 있다. 경제자유구역법 시행령은 시·도지사가 외국인투자유치나 경제자유구역의 활성화를 위해 필요하다고 인정하는 경우 수의계약에 따른 조성원가 공급이 가능하도록 했기 때문이다.[21] 즉, 재량의 여지가 있어서 국내기업에도 조성원가 수준으로 토지 공급이 가능하다는 말이다. 국내 대학도 이 규정에 따라 조성원가 이하로 송도에 입주할 수 있다. 국내기업 외투기업 상관없이 경쟁입찰이나 수의계약으로 토지를 공급할 수 있다는 점도 눈여겨 볼만 한다. 요약하면 토지공급 방식과 가격에 대해서는 다양한 선택이 가능하다.

21 예전에는 지경부장관 즉 경제자유구역위원회에 권한이 있었다.

## 산입법에서는 산업시설용지 조성원가 공급이 원칙

'산업입지 및 개발에 관한 법률'(이하 산입법) 시행령 제40조에 따르면 산업시설용지[22]의 분양은 조성원가로 하는 것이 원칙이고 총 조성원가 범위에서 일부 산업시설용지를 조성원가보다 높거나 낮은 가격으로 분양할 수 있다. 따라서 경제자유구역법 시행령에 규정된 권한을 이용하지 않아도 국내외 기업을 막론하고 조성원가에 부지를 공급할 수 있다. 조성원가에 산업시설용지를 공급해야 한다는 산입법 조항은 국내기업에게도 조성원가에 산업용지를 공급할 수 있는 또 다른 근거를 제공한다.

그런데 이 산입법 조항은 송도에 적합하지 않다. 국내 대부분 지역에서는 사유지를 수용해 산업단지를 조성하고 조성원가에 부지를 공급하면 조성원가가 시장가격과 별 차이가 없고 오히려 더 높은 경우도 있다. 조성원가가 시장가격보다 낮다면 산업단지 미분양이 왜 발생하겠는가? 즉 전국 대부분 지역에서 산업용지 조성원가 공급은 특혜가 아니다. 그러나 송도는 다르다. 5·7공구 조성원가가 150만 원/평일 때 인근 남동산단 지가는 500만 원/평 수준이었다.[23] 얼마 남아 있

22 산입법에서는 산업용지 대신 산업시설용지라는 표현을 쓰고 있다.

23 대도시 산업용지 높은 가격에는 현재 활용 용도에 더해 향후 용도변경 또는 용적률 인상 가능성에 대한 기대감이 반영되어 있다.

지 않은 5·7공구 산업용지 조성원가는 현재 245만 원/평이지만, 2016년 기준 남동산단 산업시설용지 거래가는 평당 620만~727만 원이었다.[24] 조성원가와 시장가격 차이가 이렇게 크다면 산업용지 공급가격 및 방식에 대해 신중한 접근이 필요하다.

## 인천경제청의 경직적인 산업용지 공급 방식

법적으로 국내기업에 조성원가 이하 산업용지 공급이 가능하다. 외투기업에 경쟁입찰로 토지를 공급할 수도 있다. 하지만, 인천경제청은 국내기업에 산업용지를 공급하지 않고 외투기업을 대상으로 조성원가 이하 용지 공급을 고집하고 있다.

법적으로 국내기업에 조성원가 이하로 산업용지 공급이 가능한 데도 안 되는 걸로 알고 있는 인천경제청 직원도 더러 있다. 2010년 인천시 산업위원회 행정사무감사에서 인천경제청 고위관계자는 외투기업이 아니면 조성원가에 부지를 공급할 수 없다고 잘못 답변하기도 했다. 이 관계자는 한술 더 떠서 투자유치 용지는 "법률상 조성원가 이상으로 팔 수 없게 돼 있습니다. 반드시 조성원가로 팔아야 됩니다"라고 답변했다. 이 역시 잘못된 답변이다.

---

24 김명래, 남촌산단 부지 연말부터 GB 해제, 경인일보, 2016.6.22.,http://www.kyeongin.com/main/view.php?key=20160620010006690

외투기업 우선 정책은 송도에 토지를 분양받아 입주한 대다수 기업이 실질적으로 국내기업이므로 '눈 가리고 아웅' 하는 정책에 지나지 않는다. 어차피 국내기업도 외투기업 형태로 진입할 수 있는데 무슨 상관이냐고 할 수 있다. 하지만, 외투기업으로 변신하기 어려운 벤처기업이나 창업기업, 소규모 기술기업은 조성원가로 용지를 공급받을 기회가 차단되고 있다.

국내기업에 작은 필지를 공급하자는 주장도 있지만 비현실적이다. 예를 들어 업무공간 50평이 필요한 벤처기업이 있다고 하자. 건폐율[25]이 50%라면 백 평을 분양받아 1층 건물을 짓거나, 오십 평을 분양받아 2층을 지어야 한다. 그러나 송도에서 구멍가게 같은 소형건물을 짓는 것은 극히 비효율적이고 현실성이 전혀 없다. 일정 규모 이상의 개별 필지를 분양받아 건물을 지을 정도로 크지 않은 기업에게 땅을 분양하면 자원 낭비다. 따라서 작은 기술기업이 입주할 수 있는 고층건물을 공급하는 정책이 필요한데 몇 건을 제외하곤 적극적인 움직임이 없는 실정이다.

---

**25** 대지면적에 대한 건축물 1층 바닥 면적의 비율을 말한다. 즉 토지 면적에서 건물이 차지하는 공간의 비율이다.

## 5. 투자유치는 양산형 공장 위주로

### 공단 조성과 다를 바 없는 송도의 산업 유치

인천경제청은 관광, 레저, 금융, 상업시설도 유치하지만 산업용지에 관한 한 제조업 위주 투자유치를 하고 있다. 지식기반서비스용지에 일부 연구소가 입주해 있지만 소수에 그친 실정이다. 대기업인 셀트리온이나 삼성바이오에피스[26]가 연구개발을 하고 있지만 대규모 공장 설비와 비교하면 연구개발 공간은 아주 작다. 산업용지에 입주하는 기업 상당수가 연구 및 제조를 표방하지만, 대다수 기업이 제조업체이고 사내 연구개발 비중은 작거나 없다. 판교테크노밸리나 마곡R&D산업단지처럼 입주 심사를 할 때 연구 인력과 연구비를 따지지 않으니 연구개발 비중을 확인할 방법도 없다.

경제자유구역 지정 이전부터 2공구에 조성되기 시작한 인천테크노파크(구 송도테크노파크)는 연구개발단지여서 공장 등록이 되지 않고 제조업 생산활동이 금지되어 있었다. 하지만, 입주 중소기업들은 암암리에 시설을 공장으로 활용했다. 남동산단에서 이주한 중소기업이 사무실과 연구개발 시설로 넓은 공간이 필요했을 리 없었다. 입주업체들이 꾸준히 요청해

---

**26** 생산은 계열사인 삼성바이오로직스가 한다.

서 2공구 테크노파크에도 2010년 이후부터 도시형 공장 등록이 가능해졌다.

송도 산업시설은 4공구와 5공구에 주로 있는데 셀트리온, 삼성바이오로직스, 동아쏘시오 그룹의 디엠바이오, 앰코테크놀로지코리아, 만도브로제 등 제조업체들이 수만 평씩 땅을 차지하고 있다. 연기를 내뿜는 굴뚝이 없을 뿐 일반적인 제조업 위주 산업단지와 크게 다를 바 없다.

연합뉴스에 따르면 2014년 3월 인천경제청의 송도 입주 우선협상자 선정에 22개 업체가 사업계획서를 제출했다.[27] 그 중 19개가 인천에 본사를 둔 업체다. 입주 우선협상자로 선정된 10곳 중 본사를 인천지역 산업단지에 둔 기업이 80%를 차지했다고 한다. 인천시 전체 관점에서 보면 지역 산업단지에서 송도로 공장이 이전하는 게 지역경제에 무슨 도움이 되는지 알 수 없다.

## 첨단산업 또는 제조업에 대한 잘못된 믿음

제조업 육성이 지역경제 발전의 원동력이라고 믿는 사람이 많다. 특히 첨단제조업으로 보이는 업종을 선호한다. 인천경

27 김명균, 인천 공단 기업들 "송도 가자"…땅값 공단 30% 수준, 연합뉴스, 2014.4.9., http://news.naver.com/main/read.nhn?mode=LSD&mid=sec&sid1=102&oid=001&aid=0007136690

제청도 다르지 않다. 송도 산업용지에 입주를 신청한 기업을 심사할 때 R&D 비용을 얼마나 지출하는지, R&D 인력 비중은 어느 정도인지, 일자리는 몇 개인지, 그 일자리의 성격은 어떤 것인지, 용적률을 충분히 활용하는지 면밀히 따지지 않는다. 그저 법률적으로 외투기업이고 고급기술을 사용하는 것처럼 보이면 된다. 이름이 알려진 기업이면 금상첨화다.

국가적으로는 첨단산업 또는 첨단제조업이 중요하다. 하지만 지역을 좁혀서 보면 문제가 그렇게 간단하지 않다. 반도체 산업이 첨단제조업이라고 해서 삼성이 테헤란밸리에 공장을 짓지 않는다. 삼성은 반도체 공장을 평택에 짓고 있고, 스마트폰은 베트남에서 만든다. 땅값이 싸다고 해서 국민은행이 첩첩산중에 사옥을 건립하지 않을 것이다.

지역에 따라, 심지어 인천 안에서도 장소에 따라 땅값과 여건이 다르고 적절한 '사업장'이 따로 있다. 산업이나 기업이라고 하지 않고 사업장이라고 표현한 점을 주목하자. 기업 안에서도 사업장에 따라 하는 일이 다르고 건물을 활용하는 방식이 다르고 지역경제에 미치는 영향이 다르다.

# 3

# 아파트가 문제가 아니라 **땅을 제대로 못파는 것이 문제다**

## 1. 정부가 경제자유구역에 주는 돈은 별로 없다

### 민간자본과 정부 재정지원

지금도 비난이 없지 않지만 인천경제자유구역 개발 초기에는 땅 팔아서 아파트만 짓는다는 비판의 목소리가 컸다. 하지만, 정부 재정지원이 미약한 상태에서 인천시도 지방비를 투입해 사업을 추진할 수 없기 때문에 주거용지를 팔아 재원을 조달할 수밖에 없었다. 기반시설을 갖춘 부지와 공공시설을 조성하는 것은 공공부문의 몫이다.

그러나 아파트, 상가, 공장, 사무실 등 대부분 지상시설은 민간이 비용을 부담한다. 따라서 전체 사업비에서 가장 큰 몫은 민간자본으로 조달하는 게 상식이다. 공항이나 항만 등 특정시설로 범주를 좁히면 공공부문이 사업비를 모두 부담할 수도 있지만, 전국 8개 경제자유구역은 사업 내용이 그 범주를 넘어선다.

이를 염두에 두고 정부 재정지원에 대해 알아보기로 하자. 중앙정부가 경제자유구역 개발에 투입하는 예산은 전체 사업비에 비교하면 미미하다. 물론 범주를 어떻게 설정하느냐에 따라 재정지원 규모도 달라지는 모호함이 있다. 정부 재정지원에는 경제자유구역과 무관하게 원래부터 추진되던 사업비가 포함될 수 있기 때문이다. 예를 들어 부산신항, 광양항, 평택·당진항 등 주요 물류 기반시설이나 새만금 매립은 경제자유구역 지정 이전부터 추진된 국책사업이다. 따라서 이와 관련된 정부 재정 투입을 경제자유구역에 대한 정부 예산 지원의 범주에 포함할 수 있을지 애매하다.

## 정부의 경제자유구역 재정지원은 미미하다

경제자유구역법에 따르면 기반시설에 대해 국가가 건설비의 100분의 50 범위에서 그리고 경우에 따라서는 그 이상 우선적으로 재정지원을 할 수 있다. 하지만 임의규정이라 실효성이 낮다.

인천경제청에 따르면 2004~2011년까지 인천경제자유구역 정부 예산지원액은 총 6,710억 원이다. 연평균 838억 원으로 이는 인천경제청 예산의 10% 안팎에 불과했다. 감사원(2015)에 의하면 2004~2014년까지 정부가 지원한 금액은 3,230억 원이다. 감사원 자료의 기간이 더 긴데도 지원금액이 더 작은 것은 정부 지원 금액의 기준이 다르기 때문으로 보인다. 2010년 국회 기획재정위 김성곤 의원이 밝힌 자료에 의하면, 경제자유구역에 대한 국비지원 예정액 대비 누적 지원금 비율이 인천 34.1%, 부산 진해 9.1%, 광양만권 3.1%에 불과했다고 한

<표 3-1> 경제자유구역 국비예산 지원현황

(단위: 억 원)

| 구분 | '03 | '04 | '05 | '06 | '07 | '08 | '09 | '10 | '11 | '12 | '13 | 누계 |
|---|---|---|---|---|---|---|---|---|---|---|---|---|
| 경제자유구역단 운영지원 | 10 | 9 | 11 | 10 | 9 | 11 | 12 | 10 | 9 | 11 | 11 | 133 |
| 외국교육기관 유치지원 | | | | | | 60 | 400 | 672 | 470 | 192 | 154 | 1,948 |
| 구역청경비지원 | 4 | 21 | 21 | 21 | 21 | 32 | 44 | 44 | 42 | 42 | 48 | 340 |
| 기반시설지원 | | 239 | 1,150 | 1,414 | 1,859 | 1,207 | 2,316 | 1,748 | 1,596 | 987 | 1,273 | 13,789 |
| 합계 | 14 | 270 | 1,182 | 1,446 | 1,890 | 1,301 | 2,772 | 2,484 | 2,117 | 1,232 | 1,487 | 16,195 |

자료: 경제자유구역단, 이시욱(2015) 재인용

<표 3-2> 2013년 현재 경제자유구역 지정현황 및 사업비

(단위: ㎢, 조원)

| 구분 | | 추진기간 | 면 적 | 사업비 |
|---|---|---|---|---|
| 1차 (2003) | 인천 | 2003~2020 | 169.5 | 89.1 |
| | 부산·진해 | 2003~2020 | 83.1 | 11.6 |
| | 광양만권 | 2003~2020 | 83.7 | 18.9 |
| 2차 (2008) | 황해 | 2008~2020 | 14.9 | 4.7 |
| | 대구·경북 | 2008~2020 | 30.1 | 8 |
| | 새만금·군산 | 2008~2020 | 49.3 | 4.2 |
| 3차 (2013) | 동해안 | 2013~2024 | 8.3 | 1.3 |
| | 충북 | 2013~2020 | 9.1 | 2 |
| 합계 | | | 448 | 139.8 |

자료: 산업통상자원부, 제1차 경제자유구역 기본계획 고시, 2013

다. 계획대로 또는 지자체 희망대로 집행되지 않는 것이다.

〈표 3-1〉의 이시욱(2015)[28]이 인용한 경제자유구역기획단 자료를 보면 2003년부터 2013년까지 11년간 전국의 경제자유구역에 지원된 국비 예산지원은 1조6,195억 원에 그쳤다. 두

28 이시욱, 경제자유구역 활성화를 위한 개선과제, 2015

배 정도 기간 차이가 있지만 〈표 3-2〉의 전국 경제자유구역 총사업비 약 140조 원과 비교하면 정부 재정지원이 사업비에서 차지하는 비중이 아주 작다는 점을 확인할 수 있다. 즉, 계획상 사업비 대부분은 민간자본이고, 일부에 불과한 정부의 국고지원도 계획을 크게 밑돌고 있다.

## 아파트가 아니라 다른 것이 문제다

정부 재정지원이 미흡한 이유는 지역균형발전 논리 때문에 선택과 집중이 안 된 측면이 있기 때문이란 분석이 있다. 그러나 경제자유구역 특성이 제도적 특례를 적용하는 데 있다는 점을 고려하면 경제자유구역에 대한 정부의 전폭적 예산지원을 기대하는 것은 무리다.[29] 지자체가 자체적으로 재원을 조달하려고 해도 사업 규모가 커서 일반적인 세입만으로는 한계가 있다.

인천경제자유구역은 싸게 땅을 만들어 비싸게 팔 수 있는 여건을 갖추고 있었다. 아파트만 짓는다고 비판하는 사람들도 아예 아파트를 짓지 말라는 것은 아닐 것이다. 기업 유치는 더디고 상대적으로 주택사업은 빨리 진행되거나 주거시설

29 경제특구는 '국토의 여타 지역과 다른 경제 관련 제도가 적용되는 지역'이다. 경제자유구역도 경제특구의 일종이다.

<표 3-3> 수도권 5대 신도시 수용 인구 비교

| 구분 | 계 | 분당 | 일산 | 평촌 | 산본 | 중동 |
|---|---|---|---|---|---|---|
| 택지면적 (천 평) | 15,153 | 5,985 | 4,757 | 1,469 | 1,267 | 1,648 |
| 수용인구 (천 명) | 1,176 | 390 | 276 | 170 | 170 | 170 |
| 건설호수 (호) | 293,049 | 97,500 | 69,000 | 42,010 | 42,039 | 42,500 |

자료: 한국토지공사, 분당신도시개발사, 1997

비중이 크다는 점을 지적하는 것이다. 하지만 송도지구 면적 1,600만 평에 계획인구 26만5천 명 정도로는 주거 비중이 크다고 할 수 없다.

성남시 분당구30 면적은 69.35㎢(2,098만 평)로 송도지구보다 30% 넓지만 산지가 절반 가까이 차지하고 있어, 사실상 송도보다 면적이 좁은 셈이다. 그렇지만 분당 인구는 2016년 말 기준 50만7,054명으로 송도 계획인구의 두 배에 달한다. 그렇다고 단순한 베드타운이 아니다. 2017년 말 기준 입주기업 1,207개, 종사자 수 6만2,575명에 매출액 79조3,200억 원을 자랑하는 판교테크노밸리를 품고 있다. 수도권 5대 신도시 면적은 1,515만 평으로 송도보다 작다. 그러나 수용인구는 117만 명으로 송도의 약 네 배다.

송도에 아파트를 많이 짓는다고 비난할 것이 아니라 주거

30 분당신도시는 분당구 일부이며 분당구 인구의 대략 80%를 차지한다. 판교신도시도 분당구에 속한다.

지 아닌 곳을 어떻게, 무엇으로 채우고 있는지 질문해야 한다. 달리 표현하면, 연동개발 명목으로 토지를 싸게 팔거나 원가 이하로 산업용지를 팔아 인천시가 얻은 것이 무엇인지 점검할 필요가 있다. 즉, 땅을 싸게 판 대신 얻은 것이 무엇인지, 그만한 가치가 있는지 질문해야 한다. 송도의 아파트 건설이 원도심에 미치는 영향도 고민해 봐야 한다.

## 2. 정주 여건 조성이 중요한 이유

### 실리콘밸리와 정주여건

뛰어난 비즈니스 환경을 조성하려면 우수한 정주 여건을 만드는 것이 중요하다. 송도에 좋은 아파트를 짓는 것은 당연한 선택이다. 고부가가치 기업과 고급인력을 끌어들이려면 좋은 정주여건을 조성해야 한다. 저숙련 인력을 많이 고용하는 공장이나 기업을 유치하려면 정주여건이 그다지 중요하지 않을 수 있다. 그런 기업은 땅값이 싼 곳을 원하고 종업원들도 비싼 집을 살 여력이 없기 때문이다.

미국 실리콘밸리가 개발되기 이전엔 보스턴에 있는 루트128Route 128이 첨단기술 중심지였다. 외곽순환도로인 루트128

주변에 첨단기업이 몰려 있어 그 지역 혁신클러스터를 그렇게 불렀다. 그러나 루트128의 지위는 오래가지 못했다. 학자들은 실리콘밸리가 흥하고 루트128이 쇠락한 이유를 분석하기 시작했다. 그 결과 루트128에는 소수 대기업이 주도하는 수직통합적 문화가 있었지만, 실리콘밸리에는 수평적이고 상호보완적 문화가 있다는 점에 주목했다. 실리콘밸리는 조직 내외부를 막론하고 비공식적인 대화와 상호협력이 활발하다. 보스턴의 추운 날씨와 대비되는 실리콘밸리의 온화한 기후도 한몫을 했다는 평가도 있다. 그만큼 주거환경이 중요하다는 것이다.

## 서울의 구심력을 견디려면 인천에 중산층 거주지가 필요하다

학자들은 혁신클러스터 성공 요인으로 우수한 연구중심 대학, 기후와 삶의 질, 문화, 운運, luck 등을 거론한다. 지역별 기후 차이가 거의 없는 한국에선 사는 곳을 결정할 때 삶의 질 특히 교육환경을 중요하게 여긴다. 정주여건에는 경관, 공원, 극장, 쇼핑몰 등 도시 어메니티가 중요하지만 학군이 특히 중요하다. 중산층이 모여 사는 곳에는 교육열이 높고 교육에 투자할 경제적 여건도 좋기 때문에 좋은 학군이 형성되기 마련이다.

<그림 3-1> 거주지를 놓고 목동과 송도를 고민하는 사례

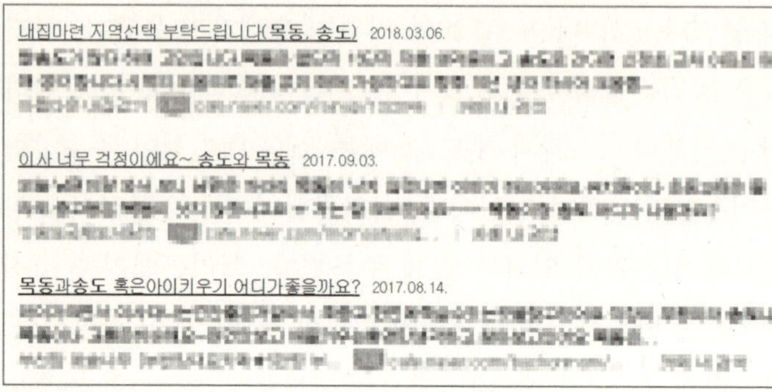
내집마련 지역선택 부탁드립니다(목동, 송도) 2018.03.06.

이사 너무 걱정이에요~ 송도와 목동 2017.09.03.

목동과송도 혹은아이키우기 어디가좋을까요? 2017.08.14.

자료: 네이버

한때 인천의 기업인이나 전문직 종사자들이 서울에 거주하는 사례가 흔했다. 그러나 송도에 양호한 정주여건과 학군이 형성된 이후에는 줄어들었다고 한다. 자녀를 국제학교에 보내려고 서울 강남에서 송도로 이사 오는 사람도 있다. 송도에 좋은 학군이 형성된 이유는 쾌적한 환경에 좋은 아파트를 많이 지었기 때문이다. 최근에 인터넷에서 '송도와 목동'으로 검색했더니 거주지를 놓고 이 두 곳 사이에서 고민하면서 상담을 요청하는 카페 글이 먼저 떴다(〈그림 3-1〉). 예전에는 상상하기 힘들었던 일이다.

서울은 인천에 양면적인 존재다. 서울의 관문과 위성도시 역할을 해서 인천도 대도시가 됐다. 반면에 서울과 가깝기 때문에 인천은 서울의 구심력에 휘둘린다. 인천 입장에서 보면 원심력이 작용하는 것이다. 법률, 회계, 금융 등 비즈니스 서비스업은 서울에 의존을 많이 해 비슷한 규모의 다른 대도시에 비교해 덜 발달한 편이다. 경제자유구역 지정 이전 인천에 20층 넘는 업무용 건물은 한미은행 빌딩 하나밖에 없었다. 심지어 인천시민이 서울에서 신용카드를 너무 많이 쓴다고 밝힌 연구보고서도 있다. 일은 인천에서 하면서 좋은 학군과 주거환경을 찾아서 서울로 이사 가는 사례도 많았다. 지방 대도시들과 다른 점이다. 필자는 다양한 배경과 소득수준의 사람들이 섞여 사는 동네가 좋다고 생각한다. 계층 간 이동이 활발해지기 때문이다. 그러나 송도에 좋은 정주여건을 조성하는 것은 인천의 구심력을 키우는 일이다.

## 3. 기회비용을 무시하고 땅을 팔면 안 된다

### 토지 가격은 경매 방식으로 결정된다

송도에서 아파트 용지를 팔아 개발에 필요한 재원을 조달할 수 있다는 점은 축복이다. 하지만 시세에 비교해 크게 저렴한 조성원가는 불행이기도 하다. 조성원가가 낮아서 토지의 가치와 기회비용에 신경 쓰지 않고 선심 쓰듯 토지를 공급하고 있기 때문이다. 땅을 지나치게 싸게 팔면, 문제가 인천경제청 개발이익이 줄어 재투자 여력이 감소하는 데 그치지 않는다. 자원배분이 왜곡돼서 도시의 잠재력이 훼손되는 것이 더 큰 문제다.

토지의 가격 결정 원리는 다른 상품과 다르다. 어떤 자동차가 1,000대 팔렸다고 하자. 수요와 공급이 일치하는 가격이 3천만 원이라면 그 가격이 자동차 가격이 된다. 이것을 다른 방식으로 표현할 수 있다. 지불용의 가격[31]이 높은 순서로 고객을 줄 세운 후 1,000번째 고객의 지불용의 가격이 3천만 원이면 그 금액이 그 자동차 가격이 된다. 3천만 원 초과해서 낼 의사가 있었던 고객은 굳이 그 가격을 다 낼 필요가 없다. 반면에 토지는 공급이 제한적이고 위치가 변하지 않기 때문에, 개별 토지에 대한 가장 높은 지불용의 가격이 해당 토지 가격이 된다. 땅값은 경매 방식으로 결정되는 것이다.

## 토지의 지불용의 지대 곡선

〈그림 3-2〉는 토지 위치에 따른 지불용의 지대地代, rent 곡선을 단순하게 표현한 것이다. 앞으로 발생할 지대를 현재가치로 나타낸 것이 땅값이기 때문에 지대를 지가地價로 대치해도

31 支拂用意 價格, willingness to pay. 소비자가 지불할 용의가 있는 최고 가격. 소비자는 상품가격이 지불용의 가격을 초과하면 상품을 사지 않을 것이다. 상품가격이 지불용의 가격보다 낮다면 상품가격만 지불할 것이다.

<그림 3-2> 토지의 지대와 지불용의 지대 곡선

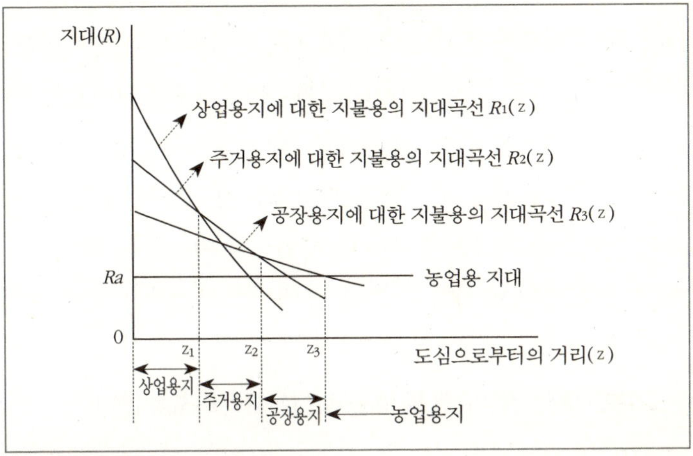


자료 : 김경환·서승환, 도시경제, 제2판, 홍문사

기본적인 원리는 똑같다. 도심에 가까울수록 교통비용이 줄기 때문에 지불용의 지대가 올라간다. 즉, 도심에 가까울수록 다른 경제주체들을 쉽게 만날 수 있기 때문에 거래 비용이 적게 든다. 따라서 그만큼 토지 수요자가 지불할 용의가 있는 임대료 수준이 올라간다.

그런데 경제주체별로 기울기가 다르다. 상업 또는 업무시설은 도시 접근성이 중요하고 땅값이 비싸도 건물을 고층화해서 대응할 수 있다. 그래서 도심에서 높은 지대를 지불할 수 있지만 고객을 접하기 힘든 도시 외곽에선 업무 효율이 떨어져 높은 지대를 낼 수 없다. 따라서 상업이나 업무기능의 지불용의 지대곡선은 기울기가 가파르다. 공장은 고층화가 어렵고 상업 또는 업무시설에 비교해 같은 부가가치를 생산하려면 토지가 많이 필요하기 때문에 지대 지불용의 곡선이 완만하다. 변두리에 있어도 일하는 데 큰 문제가 없다. 완만하기로는 농업용지가 제1순위다. 토지 지대는 각 지점에서 가장 높은 지불용의 지대가 된다. 즉, 땅은 해당 위치에서 가장 높은 가격이나 임대료를 써내는 사람이 땅 주인이나 임차인이 된다.

### 토지의 시장가격이 땅을 효율적으로 사용하도록 한다

땅값 또는 지대가 토지의 용도를 결정하는 것이 경제 원리고 그것이 토지라는 자원을 가장 효율적으로 활용 또는 배분하는 방식이다. 얼핏 생각하면 교과서가 아닌 현실에선 도시계획에서 지정된 용도에 따라 시설을 짓는 것처럼 보인다. 하지만 정책당국이 토지 가격을 반영해서 용도를 결정한 것일 뿐이다. 용도만 지정한다고 용도에 맞는 시설이 들어선다면 투자나 기업유치에 고민할 필요가 없다. 인구가 줄어서 걱정인 시골에서 높은 용적률의 공동주택용지를 지정한다고 저절로 고층 아파트가 들어서고 인구가 늘겠는가?

여건에 맞게 용도를 지정하거나 여건을 만들어 용도를 지정해야 한다. 여의도에서 공업용지나 농업용지를 지정하고 영원히 용도를 변경하지 않는다면 땅값이 폭락하고 실제 공장을 짓거나 농사지을 사람이 나타날 것이다. 그렇다고 그런 조치가 효율적인가? 상식에 부합하지 않기 때문에 당연히 그렇게 도시계획을 하지 않는다. 정부나 지자체가 땅을 갖고 있다면 시세에 따라 용도를 결정하고 땅을 시세대로 파는 것이 토지를 효율적으로 이용하고 도시를 잘 만드는 방법이다. 앞서 땅값이 경매방식으로 결정된다고 설명한 이유는, 땅의 시장가격이 그 땅을 가장 필요로 하는 경제주체에게 돌아가도록 한다는 점을 강조하기 위해서다.

## 시장은 공공용지를 공급하지 않는다

시장市場은 토지를 효율적으로 사용하도록 하지만 한 가지 문제가 있다. 공익에 필요한 용지는 시장이 공급하지 않는다는 것이다. 현재의 송도만 놓고 보면 시세는 주상복합용지가 제일 높다. 그렇다고 모든 부지를 주상복합용지로 지정할 수 없다. 땅 팔아서 이익을 얻을 수 없지만 도로, 공원, 학교, 소방서 등 공공용지가 필요하다. 공공시설이 있어야 나머지 토지가 제 기능을 하고 제값을 받는다.

그리고 도시의 중요한 특징 중의 하나가 외부성[32]이다. 서

---

32 外部性. 어떤 경제활동이 거래 당사자가 아닌 제3자에게 끼치는 영향. 가격 기능이 효율적으로 작동하지 않는 시장 실패의 요인이므로 정부 개입의 근거가 된다.

로 비용을 내거나 대가를 받지 않지만 영향을 주고받는다. 주택가 근처에 공해를 유발하는 공장이 들어서면 집값이 내려가고, 좋은 공원이나 상업시설이 들어서면 집값이 오른다. 일자리가 많은 기업이 들어서면 주변 집값이 오르고, 정주 여건이 좋으면 고급인력을 고용하는 기업유치에 유리해진다. 따라서 도시 전체의 효율성이나 기능, 미래를 고려해서 도시계획을 해야 하고, 토지 용도를 다양하게 지정하게 된다.

### 산업용지는 싸게 팔수록 좋은가

공공용지를 싸게 공급하는 것처럼 지역경제 발전을 위해 산업용지도 싸게 팔아야 한다는 주장이 있을 수 있다. 맞는 말이다. 하지만, 산업시설에도 여러 가지가 있다. 이왕이면 같은 부지면적에서 좋은 일자리를 더 많이 만들고 더 혁신적인 활동을 하는 기업이 좋지 않은가? 땅을 너무 싸게 팔면 그런 기업 대신 전통적인 공단에 어울릴 기업이 들어오는 문제가 생긴다. 역선택이 일어나는 것이다. 산업용지라도 싸게 파는 것이 능사가 아니고 시세를 고려해야 한다는 점을 거듭 강조하고 싶다.

시세를 훨씬 밑도는 조성원가에 토지를 공급해서라도 송도에 첨단산업 제조업체를 많이 유치해야 한다고 믿는 사람들이 많다. 그러나 아무리 좋은 것이라도 기회비용을 고려해야 한다. 중형승용차와 바꿀 수 있는 것을 경차와 바꾼 후에 차가 생겼다고 좋아하면 칭찬할 일인가?

## 시장에서 결정되는 땅값이 토지의 기회비용이다

토지의 기회비용에 관해서 이야기해보자. 기회비용이란 어떤 선택으로 인해 포기한 기회 가운데 가장 큰 가치를 갖는 기회를 말한다. 기회비용이란 진정한 비용이라고 할 수 있는데 그냥 비용이라 하지 않고 왜 기회비용이라는 개념을 사용할까? 그 이유는 실제 지불한 비용이 경제학적 비용 즉 진짜 비용과 다를 수 있기 때문이다.

시세가 100억 원인 공동주택용지에 아파트를 짓는다면 100억 원이 기회비용이다. 땅을 100억 원에 팔 기회를 포기했기 때문이다. 하지만 그 땅을 1년 전에 80억 원에 샀고 이자가 5%라면 84억 원이 회계상 비용이다. 달리 표현하면 인천경제청이 조성원가가 평당 250만 원인 땅을 300만 원에 팔았다면 장부상 50만 원 남는 장사지만 그 땅을 500만 원에 팔 수 있는데도 300만 원에 팔았다면 기회비용을 중시하는 경제학자의 눈에는 200만 원 손실이 발생한 것이다. 회계상 비용이 아니라 기회비용을 고려하여 선택해야만 자원배분이 효율적으로 이루어진다.

정부나 지자체는 아파트 용지로 200억 원에 팔 수 있는 땅을 100억 원에 산업용지로 팔 수 있다. 일자리와 세수, 경제성장을 고려해서 사회적 편익이 아파트용지 매각수입 200억 원보다 크다면 그렇게 해야 한다. 그러나 일자리를 많이 만드는 기업에 100억 원을 받고 팔 수 있는데 일자리를 적게 만드는 기업에 50억 원에 판다면 게도 구럭도 놓치는 것이다. 즉, 개발이익도 적어지고 기업유치 효과도 낮아진다.

너무 당연한 이야기를 경제이론을 동원해서 설명한 이유는 그 당연한 상식이 송도에서 지켜지지 않기 때문이다. 인천경제청의 사고思考에는 기회비용의 개념이 없다. 송도에서 할 수 있는 최선의 선택에 대해 잘 모르고 기존의 선택으로 무엇을 놓치는지 고민하지 않고 있다.

## 송도에서 공장은 필요 없다

인천시는 송도에서 시장원리에 맞지 않게 비효율적으로 도시계획을 하고 토지를 공급하고 있다. 결론부터 말하자면 지식산업센터에 수용 가능한 소규모 도시형제조업을 제외하곤 송도에 제조업 용지는 필요 없다. 더구나 제조업 용지를 조성원가 이하에 공급하는 것은 큰 잘못이다. 남동산단 땅값이

400~500만 원/평일 때 송도에 150만 원/평에 제조업을 유치했다. 남동산단 땅값이 600~700만 원/평으로 오른 최근에는 245만 원/평에 공장을 유치하고 있다. 주거·상업용지로 팔았으면 800~1,200만 원/평에 받을 수 있었을 것이다. 물론 일자리와 도시의 경쟁력을 위해서는 산업용지가 필요하다. 그러나 그 산업용지는 공장용지가 아니라 지식산업센터, 벤처기업 집적시설, 빌딩 형태의 연구소를 유치하기 위한 용지여야 한다.

이 책의 후반부에 상세하게 소개하겠지만 판교테크노밸리에서는 13만 평의 가처분 용지에서 6만여 명 정도가 일하고 있다. 입주와 조성이 진행 중인 마곡R&D산업단지는 23만 평에 16만5,000명이 일하게 된다. 송도는 수만 평에서 1천~2천 명이 일하는 방식으로 양산형 공장[33]을 다수 유치하고 있다. 이로 인한 손해가 하나둘이 아니다. 땅을 싸게 팔아 손해 보는 것도 있지만 좋은 일자리를 많이 만들지 못하는 것이 가장 큰 문제다.

달리 표현하면 같은 산업용지라도 시세보다 지나치게 싸게 공급하면 역선택이 일어난다. 더 효율적으로 땅을 활용할 수 있는 기업을 그렇지 못한 기업이 밀어낸다는 것이다. 토지공급가격이 시세보다 너무 낮으면 그 기업은 필요한 면적 이상

---

33 量産型 工場. 양산(量産), 즉 대량생산을 하는 비교적 큰 공장. 조선소나 여객기 공장처럼 대량생산을 하지 않더라도 큰 공장이 있을 수 있다. 하지만 이 책에서는 편의상 빌딩 안에 입주 가능한 소규모 도시형 제조업 공장과 구별하기 위해 이 용어를 사용한다.

으로 토지를 요구하고 토지를 저밀도로 활용하게 된다. 송도에는 법정 용적률과 건폐율을 훨씬 밑돌게 지어진 공장이 수두룩하다.

### 인천경제청이 시세보다 땅을 싸게 팔며 공장을 유치하는 이유

인천경제청은 왜 공장을 유치하기 위해 땅을 헐값에 팔까? 첫째, 관성과 통념 때문으로 보인다. 첨단제조업이 중요하고, 첨단기업을 유치하려면 땅을 조성원가에 파는 당연하다고 생각하는 듯하다. 그런데 이런 생각은 조성원가와 시세의 차이가 별로 없는 다른 지역과 달리 조성원가가 시세보다 현격히 낮은 송도의 예외적 특성을 간과하는 문제점이 있다.

둘째, 토지 가격이 효율적인 자원배분의 중요한 수단이라는 점을 간과하는 듯하다. 중요한 것은 유치기업의 사업장에서 단위면적당 창출하는 일자리와 부가가치다. 땅값을 제대로 받으면 저절로 옥석이 가려지는데 기회비용과 토지 가격의 효율적 자원배분 기능에 대해 인식이 부족하므로 헐값 매각에 따른 문제를 인식하지 못한다.

셋째, 비용과 편익을 충분히 살피지 않고 이름값이나 전시성 사업을 하는 게 문제다. 삼성, 연세대, 외국대학이 들어오는데 비용을 따질 일이 아니라는 식이다.

넷째, 헐값매각이 쉬운 길이기 때문에 잘못된 선택을 한다. 남동산단 땅값의 반도 안 되는 헐값으로 토지를 공급하면 힘들이지 않고 입주를 희망하는 다수의 제조업체 중 그럴듯한 기업을 골라서 유치할 수 있다.

서울 도심 접근성이 낮아 입지 면에서 불리하지만 정주여건이 좋고 땅값도 낮기 때문에 송도에서도 중고밀 연구개발 단지를 만드는 것은 노력하면 가능한 일이다. 그런데 인천시는 왜 서울시와 경기도가 마곡과 판교에서 하는 일을 못하는 걸까? 인천시 공무원 자질이 낮아서 그런 것이 아니다. 마곡과 판교는 원래 비싼 사유지를 수용해 부지를 조성했기 때문에 원가로 공급해도 땅값이 평당 1,000만 원을 넘거나 근접한 수준이었다.[34] 이 가격을 지불하고 땅을 사서 단독으로 공장을 지을 제조업체는 어디에도 없다. 따라서 공장 대신 연구개발 업체 또는 사업장을 유치하는 것은 너무나 당연한 결정이었다. 달리 말하면 토지 가격이 산업용지를 적절한 용도에 쓰도록 자원배분을 했다. 그런데 송도에서는 시세 대비 조성원가가 원체 낮기 때문에 가격기능이 작동하지 않았고, 인천시가 쉽고 빠른 길을 선택한 것이다.

---

**34** 판교에서는 조성원가보다 높게 공급했다. 자세한 내용은 10장에서 다룬다.

### 산업·연구용지를 제대로 팔아야 한다

물론 토지를 시세보다 싸게 판다고 무조건 잘못은 아니다. 연구개발 업종과 업무기능은 집적에 민감해서 이미 집적이 이루어진 곳을 선호한다. 따라서 수요가 다소 미흡한 곳에서는 초기 집적을 유도하기 위해 토지공급 가격을 낮출 필요가 있다. 그런데 공장은 집적효과 의존도가 상대적으로 낮고 토지의 기회비용을 고려하면 오히려 걸러야 할 대상이기 때문에 헐값으로 토지를 공급할 필요가 없다.

송도에서는 제조용지는 조성원가로 공급해 잘 팔리지만 지식기반서비스용지는 공모방식으로 기업을 유치해 매각에 어려움을 겪기도 한다. 지식기반서비스용지를 팔려면 듬성듬성 흩어진 곳에서 낮은 용적률로 팔아서는 안 된다. 지식기반서비스업은 집적효과가 중요하기 때문에 큰 단지를 조성해서 집적을 이루게 하는 방식으로 팔아야 한다. 입주업종을 제한하더라도 임대사업을 허용하고 용적률을 높여야 입주 유인이 높아진다.

# 4

# 주객이 전도된 **연동개발의 함정**

# 1. 개발이익이 큰 연동개발의 실패

## 개발이익을 우선할 수밖에 없는 개발사업자

개발이익에 대한 기대감이 큰 곳에서 개발업자가 개발계획을 수립한다면 어떤 선택을 할까? 개발업자는 도시의 미래보다 이윤을 더 중요하게 생각한다. 따라서 개발이익을 극대화할 수 있는 계획을 만들려고 할 것이다. 정책당국과 이해관계가 부딪히게 되는 대목이다. 과도한 개발이익을 통제하거나 환수하려는 정책당국의 의지가 부족하면 특혜가 따라붙을 수밖에 없다.

물론 개발업자가 정책당국의 승인을 받기 위해 개발이익을 줄이고 비수익 사업 비중을 키운 개발계획을 제안할 수 있다. 그러나 이때는 실제 사업 추진 과정에서 갈등이 빚어질 소지가 크다. 일단 계약한 후 개발사업자는 계약에 유리한 부분을 우선 추진하고 불리한 부분은 미루거나 수정을 요구하게 된다. 개발사업자는 자선사업가가 아니므로 개발이익을 우선하는 것이 당연하다. 합리적인 개발계획이 수립되고 추진될 수 있도록 하는 일차적 책임은 정책당국에 있다.

## 대규모 장기 개발사업이 민간기업에 주는 리스크

수요만 뒷받침된다면 LH 같은 큰 공기업은 대규모 사업도 단기간에 마무리할 수 있다. 법률적으로 보장된 것은 아니지만 시장(市場)은 공기업에 대한 정부의 암묵적인 보증이 있다고 믿는다. 따라서 비교적 낮은 금리에 대규모 차입도 가능하다. 부지 조성과 분양만 하고 지상시설 건립에는 나서지 않는 경우도 많다. 정책적 판단이 내려지면 적자사업도 감수한다.

그러나 민간 개발사업자는 성격이 다르다. 적자가 예상되는 사업은 하려 들지 않는다. 흑자가 예상되는 사업이어도 차입 규모가 너무 크면 재원조달이 쉽지 않다. 사업 규모가 작으면 모기업이 실제 개발을 맡는 SPC에 보증을 서면 된다. 하지만 사업 규모가 크면 모기업이 보증을 서기 어렵다. 사업이 잘못되면 모기업도 위험해지기 때문이다. 공기업과 비교해 민간기업은 위험에 더 민감할 수밖에 없다.

송도의 경우를 살펴보자. 통상 신도시 개발에서 LH가 하는 일, 즉 부지 조성은 인천경제청이 한다. 개발사업자가 할 일은 주택과 업무용 빌딩 등 지상시설을 조성하는 일이다. 소규모 개발과 달리 수십만 평 이상의 도시를 만드는 사업은 시간이 오래 걸린다. 서울과 달리 집적이 덜 된 상태에서 업무용 빌딩을 지으면 미분양으로 인한 손실이 발생한다. 따라서 개발업자는 가능한 한 주택사업을 우선 추진하고 수익성이 낮은 업무시설은 축소하거나 여건이 좋아진 후에 지으려고 한다. 애초 계획과 달리 개발 기간이 길어질 수밖에 없는 구조가 된다. 사업 기간이 길면 예상되는 개발이익이 크더라도 불확실성이라는 변수를 고려하지 않을 수 없다. 부동산 경기가 불황에 빠질 수도 있고, 외환위기[35]나 금융위기를 맞닥뜨릴 수도 있다.

당장 NSIC만 해도 글로벌 금융위기를 거쳤고 사업파트너인 포스코건설과 갈등이 빚어져 사업에 차질을 빚고 있지 않은가. 장기금리가 단기금리보다 높은 이유도 미래의 불확실성에서 그 이유를 찾을 수 있다. 사업 규모가 크면 시간이 오래 걸리고, 시간이 오래 걸리면 위험부담이 커진다. 따라서 대규모 연동개발사업을 하는 개발업자는 예상 개발이익을 높게 추구할 수밖에 없다. 저위험 고수익 사업도 시간이 길어지면 변수가 많아져 고위험 고수익 사업이 되는 것이다. 따라서 연동개발 계약에서 개발사업자가 욕심을 부리는 것도 이해가 간다. 그러나 문제는 개발사업자가 연동개발 약속을 잘 안 지킨다는 것이다. 그렇다면 인천시가 연동개발 방식으로 한꺼번에 땅을 싸게 팔 이유가 없다.

---

35 물론 여건이 많이 변해서 재발 가능성은 낮다.

## 연동개발이 아니라 블록별 개발을 해야 한다

개발사업자가 너무 개발이익을 앞세워서 개발계획을 수립하는 부작용을 막는 방안은 있다. 인천시가 개발계획을 직접 수립하거나, 구체적인 조건을 명시해 공모하면 된다. 또한, 단위 사업별로 개발사업자를 따로 구해야 한다. 필지별 또는 단위 사업별로 쪼개서 수익부지를 팔고, 여기서 얻은 이익을 비수익 사업 활성화에 쓰면 된다. 주택용지는 시세대로 비싸게 팔고 업무용지는 사업이 가능한 수준으로 낮춰 팔아야 한다. 인기가 없어 감정가 이하로 팔린다면 그게 바로 적정 시장가격이다. 업무용지를 무상 제공하고 건물 일부를 시市 소유로 해서 사업자의 위험을 줄이는 방식도 검토할 만한 가치가 있다.

업무용 부지를 분양받고 착공을 미루는 부작용을 방지하려면, 건설 기간과 건물 규격에 조건을 부여해 환매조건부로 팔면 된다. 감정가보다 낮더라도 사업이 추진될 수준으로 가격이 결정될 것이다. 이렇게 해야만 업무시설 조성 기간을 단축할 수 있다. 아예 수익성을 기대할 수 없는 공익적 앵커시설은 수익성 부지 매각으로 얻은 이익을 투자해 재정사업으로 추진하면 된다. 이런 개발 방식을 '개별개발' 또는 블록별 개발이라고 부를 수 있다. 수익시설과 비수익시설이 혼재돼 있는 대규모 연동개발은 외부에서 수익 구조를 파악하기 힘들지만, 개별개발은 단위 사업별로 추진하는 만큼 사업구조를 파악하기 쉽다.

## 건설사 단독 연동개발의 문제

연동개발의 문제점을 좀 더 따져보자. 먼저 모회사와 SPC의 관계에 대해 알아보자. 미국에서는 개발사업자와 건설사가 한 몸이 아닌 경우가 일반적이다. 개발사업자는 공사비를 줄여야 하고 건설회사는 공사비를 늘려야 하므로, 서로 이해가 어긋나기 때문이다. 개발사업과 건설을 병행하면 우산장사와 짚신장사를 둔 어머니가 되는 셈이다. 한국도 최근에는 시행과 시공이 분리되는 경향이 있다. 그러나 한국에서는 아직도 건설회사가 개발업무, 즉 시행업무도 겸하는 경우가 흔하다.

일반적으로 개발사업을 할 때 건설회사는 개발업무를 맡는 SPC(특수목적회사)를 따로 설립해 한시적으로 사업기간 동안 운영한다. 흔히 말하는 PFProject Financing 사업이 이런 방식으로 수행된다. PF 사업의 장점은 프로젝트와 모기업의 신용을 분리해서, 프로젝트 자체의 기초자산과 수익성을 기초로 재원조달이 가능하도록 하는 것이다. 이렇게 되면 프로젝트가 실패해도 SPC의 모회사에 피해가 가지 않는다. 신용도가 낮은 회사도 프로젝트 자체의 수익성이 있으면 SPC를 통해 재원을 조달해 사업을 할 수 있다. 하지만, 한국에서는 PF 본래 취지와 달리 모회사가 SPC 차입자금에 보증을 서는 경우가 흔하다. 그러나 사업 규모가 크고 기간도 길면 위험이 커져 모기업이 보증을 서지 않으려 한다.

먼저 지자체가 건설사 한 곳과 연동개발 계약을 맺었다고 가정하자. 사업 완료 후 내부수익률 15%를 초과하는 이익은 절반씩 나누기로 합의했다. 건설사는 SPC를 만들어 시행(개발)업무를 맡긴다. 건설사가 모회사고 SPC가 자회사다. SPC가 개발사업 완료 후 내부수익률 15%를 초과하는 이익 절반은 지자체에 넘기지만 나머지(내부수익률 15% 이내 이익 전부 + 초과이익 절반)는 모회사에 넘기는 구조다.

지자체는 연동개발과 개발이익 배분 약속을 믿고 땅을 저가에 매각하게 된다. SPC는 당연히 주인인 건설사에 공사를 맡기게 된다. 건설사는 공사비를 부풀린다. 나중에 지자체와

<표 4-1> 건설사 단독 참여 연동개발

| | 지자체 | SPC | 건설사 |
|---|---|---|---|
| 성격 | = 원 토지 소유자 | = 자회사 = 시행사 | = 모회사 = 시공사 |
| 계약 | • IRR 15% 초과 개발이익 반분 | • IRR 15% 초과 개발이익 반분 | • 자회사인 SPC 설립 |
| 행동 | • SPC에 토지 저가 매각<br>• 연동개발 촉구 또는 타협 | • 모회사에 공사 발주<br>• 공사비 부풀리기 인정<br>• 비수익사업 축소 또는 지연 | • 공사 수주<br>• 공사비 부풀리기 (정상이윤 +a) |
| 결과 | • 개발이익 회수 불가<br>• 연동개발 실패 | • 개발 이익 축소 (IRR 15% 이내) | • 시공 이익과 SPC 잔여 이익 회수 |

배분해야 하는 SPC 개발이익을 늘리는 것보다 공사비에서 이익을 가져오는 것이 유리하기 때문이다. 하지만, 부풀린 공사비 때문에 SPC 이익이 줄어들면 지자체에 줘야할 개발이익도 당연히 감소할 수밖에 없다. 헐값으로 땅을 산 건설사는 손해 볼 게 없고, 패자는 땅만 싸게 판 지자체가 된다.

건설사 행동이 도의적으로 부적절하게 보이지만 법을 어기지 않는 한 너무나 당연한 선택이다. 돈을 벌어서 그 돈을 왼쪽 호주머니(SPC)에 넣으면 나중에 다른 사람(지자체)과 나눠야 하고 오른쪽 호주머니(건설사)에 넣으면 100% 자기 돈이 된다면 어느 호주머니에 돈을 넣겠는가? 건설사 행동이 문제가 아니라 그런 계약이 잘못된 것이다.

### 건설사와 개발사 공동 연동개발의 문제

건설사와 전문개발사가 함께 참여하는 컨소시엄과 지자체가 연동계약을 맺게 되면 상황이 복잡해진다. 건설사와 개발사는 공동으로 출자해서 SPC를 만들고 개발사업을 맡긴다. 예를 들면 포스코건설과 게일사가 NSIC를 설립한 것과 같다. 건설사와 개발사 모두 SPC 개발이익을 가능하면 모회사로 가져와 개발이익 환수 금액을 줄이려고 할 것이다. 건설사는 앞서 언급한 건설사 단독 참여 때와 마찬가지로 공사를 맡고 공

<표 4-2> 건설사와 개발사 컨소시엄 구성 연동개발

| | 지자체 | SPC | 건설사 | (외국)개발사 |
|---|---|---|---|---|
| 성격 | = 원 토지 소유자 | = 자회사 = 시행사 | = 모회사 = 시공사 | = 모회사 |
| 계약 | • IRR 15% 초과 개발이익 반분 | • IRR 15% 초과 개발이익 반분 | • 자회사인 SPC 설립 | • 자회사인 SPC 설립 |
| 행동 | • SPC에 토지 저가 매각<br>• 연동개발 촉구 또는 타협 | • 건설사에 공사 발주<br>• 공사비 부풀리기 인정<br>• 비수익사업 축소 또는 지연 | • 공사 수주<br>• 공사비 부풀리기 (정상이윤 +a) | • SPC 유출 이익 유입(용역비 등)<br>• 건설사 → 개발사 보상 요구 |
| 결과 | • 개발이익 회수 불가<br>• 연동개발 실패 | • 개발 이익 축소 (IRR 15% 이내) | • 시공 이익과 SPC 잔여 이익 회수 | • 이전 이익, 보상 이익, SPC 잔여 이익 회수 |

사비를 늘려 이익을 챙기면 된다.

하지만 개발사는 공사를 하지 않기 때문에 시공이익을 통해 개발이익을 미리 가져올 수 없다. 건설사가 공사비를 부풀리면 SPC 이익이 줄어들게 되고, 개발사는 자기 지분에 비례해 손해를 보게 된다. 개발사는 건설사에 손실보전을 요구하게 되고, 안 될 경우 시공권을 다른 건설사에 주려고 할 것이다. 개발사가 용역비, 설계비 등의 명목으로 계열사 간 부당내부거래를 해 SPC 이익을 빼돌리려 할 수도 있다. 건설사는 눈감아줘야 한다. 이에 대해 합의가 잘 안되면 분란이 발생하게 된다.

## 연동개발은 개발이익 환수가 어렵다

단기간에 진행되는 단일 사업은 컨소시엄 참여 회사끼리 사전에 쉽게 합의하고 약속을 지킬 수 있다. 하지만, 사업 기간이 10년 넘게 걸리고 복잡한 대형 개발사업은 그게 쉽지 않다. 연동개발만 하고 개발이익 배분 규정이 없다고 해도 사정은 크게 달라지지 않을 것이다. SPC 이익이 크게 늘면 지자체가 연동개발 의무 이행을 더 재촉하거나 추가적인 요구를 할 가능성이 있기 때문이다. 처음부터 지자체가 제값 받고 팔거나 개별 필지로 팔면 이런 일은 발생하지 않는다. 그러나 대규모 장기 사업의 불확실성 때문에 제값 내고 전체 사업을 하겠다며 덤벼들 개발 사업자는 없다. 장기 연동개발 사업은 하지 않는 게 정답이다.

개발이익을 일정 내부수익률 초과분을 나누는 것으로 하면 지자체가 한 푼도 못 받을 가능성이 아주 크다. 하지만, 순현금 즉 사업 후 남는 돈을 나누는 것으로 하면 사업이 적자를 보지 않는 한 일부 개발이익 환수가 가능하다. 2011년 인천경제청은 NSIC와 개발이익 환수 규정을 이런 방식으로 바꿨다. 개선된 합의지만 2010년에 연동개발 의무를 완화해 주고 얻은 양보를 받은 것으로 볼 수도 있다. 초과 수익 배분보다 개발이익 회수가 쉽지만 사전에 개발이익이 유출되면 어차피 개발이익 환수액이 감소하는 문제는 막을 수 없다.

## 게일과 포스코건설의 갈등

<그림 4-1> 게일 - 포스코 건설 갈등을 다룬 기사 일부

**같은 땅 놓고 제각각 매각 추진**
**합작사 NSIC 장악한 게일 측 바른리얼에 4개 블록 매도 계약**
**포스코 "이사회 승인한 적 없어...12일 신탁사 통해 공매 부칠 것"**

**NSIC 엇박자 이면엔 이익다툼**
**미국, 게일 회장에 수천억원 과세**
**게일측 "분양으로 이익 얻은 공동주주 포스코도 분담해야"**
**포스코 "세금 내면 배임" 거부**
**아트센터 인천 개관 지연되는 등 국제업무단지 개발 2년째 표류**

자료: 김지수/설지연, 송도개발 파트너 포스코건설-게일, 적으로 돌아선 사연, 한국경제, 2017.10.10

그런데 〈표 4-2〉와 유사한 상황이 송도에서 벌어지고 있다. 언론 보도의 소제목에서 알 수 있듯이 게일사와 포스코건설의 갈등이 지난 2015년부터 계속되고 있다. NSIC에서 포스코건설이 시공을 맡아 높은 건설비를 받아 가면 게일사는 불만을 가질 수밖에 없다. 실제로 2017년에 게일사가 대주주인 NSIC는 포스코건설이 2004년 이후 4조8,300억 원을 공사비로 가져갔는데 NSIC 누적적자가 7,000억 원이라고 불편한 감정을 드러낸 적이 있다.[36] 게일사는 시공권을 다른 건설회사에 주고 싶다는 것이다.

감사원(2009)은 NSIC가 특수관계회사와 용역계약을 맺고

---

36 이춘만, 포스코건설 PKG 1 책임매각 실패, PKG 4 이어 또 손실 전가, 브릿지경제, 2017.12.20., http://www.viva100.com/main/view.php?key=20171220010006916

2005~2008년 사이에 1,789억 원의 용역비를 지급했다고 지적했다. 이 중 389억 원은 대주주 배당으로 흘러갔다. 2010년 이 용역비 내역에 대해 게일사 임원은 "미국 게일 본사 임직원 급여와 운영비를 지급한 것"이라고 답변했고, 포스코건설 관계자는 "용역비의 미국 송금을 인지했으나 어쩔 수 없었다"고 밝혔다. 감사원(2009) 지적 이후 NSIC의 모회사 배당은 사업이 완료될 때까지 금지됐다.

## 스탠리 게일의 미국 세금 문제

NSIC 대표인 스탠리 게일 회장은 2015년 송도 개발사업과 관련해서 미국에 낼 개인소득세 문제를 들고 나왔다. 미국은 유한회사의 이익을 지분에 비례해 주주의 개인소득으로 간주하고 과세한다. 회사가 적자를 보면 나중에 회사에서 이익이 날 때 소득공제를 해준다. 예를 들어 작년 적자가 10억 원이고 올해 20억 원 이익이 발생했다면 올해 이익 중 작년 적자액 10억 원을 공제하고 남은 10억에 대해서만 과세한다.

스탠리 게일 회장은 NSIC의 누적적자로 인해 그동안 소득세를 내지 않았다. 그런데 향후 흑자 전환이 예상돼, 앞으로 내야 할 세금을 추정해봤더니 약 3천억 원에 달했다고 한다. 당시 기준 연방소득세와 뉴욕주州소득세를 합하면 소득세율은 약 48%였다(2017년 트럼프 감세 후 약 45%).

미국 세법에 따르면 유한회사는 주주에게 배당하지 않고 회사에 유보해도 주주가 세금을 내야 한다. 그런데 문제는 예전의 개발이익 유출이 감사원 지적을 받자, 인천시가 사업 종료 시까지 NSIC의 배당을 금지했다는 것이다. 배당을 받지 않은 상태에서 거액의 소득세를 내게 되니 고민이 된 것이다. 스탠리 게일 회장은 "포스코건설도 송도개발 사업에서 이익을 냈으니 포스코건설이 세금을 해결해 달라"고 요구했다. 그러나 포스코건설이 "개인 세금은 기업이 부담할 수 없다"고 거부하면서 갈등이 빚어졌다.

미국 법에 따르면 구성원 즉, 주주가 두 명 이상인 유한회사는 주식회사와 동일한 방식으로 세금 내는 걸 선택할 수 있다. 이때는 이익을 유한회사 내부에 유보하면 법인세는 내지만 개인소득세는 내지 않는다. 인천경제청의 배당 금지 때문에 스탠리 게일이 소득 없는 상태에서 먼저 세금을 내지 않아도 되는 것이다. 하지만, 나중에 배당할 때 개인소득세를 내야 하니 두 번 세금을 내는 문제가 있다. 세금은 어차피 내야 하는 것이고 나중에 낼 수도 있으므로 스탠리 게일의 세금 대납 요구는 비합리적이다.

## 개발이익 유출이 갈등의 원인

겉으로는 스탠리 게일의 세금 문제가 갈등의 원인으로 보인다. 하지만, 포스코건설은 시공이익을 가져가지만 스탠리 게일 자신은 보상을 받지 못하고 개발이익 유출도 여의치 않다는 불만이 실질적인 원인으로 보인다. NSIC가 포스코건설이 2004년 이후 4조8,300억 원을 공사비로 가져갔다고 강조한 이유가 다른 데 있지 않다. 포스코건설도 할 말이 있다. 게일사가 가져온 돈이 거의 없어서 포스코건설은 금융권 차입에 대한 보증을 많이 섰다. 수요가 없는 대형 업무용 빌딩을 몇 개 짓고 빈 빌딩을 채우기 위해 그룹 계열사를 송도로 이전시켰다. 두 회사의 갈등 때문에 사업이 중단돼 금융비용만 발생하고 있다. 게일사는 포스코건설과 결별하기로 합의하고 다른 시공사를 찾고 있지만 쉽지 않다. 시공사가 기존 부채를 책임져야 하고 게일사에 대한 보상 방안도 고려해야 하기 때문이다. 포스코건설은 아예 게일사를 내쫓으려고 시도하고 있다.

인천시는 개발이익 환수가 어렵거나 갈등의 소지가 있는 사업구조, 즉 예상 개발이익이 큰 연동개발 방식을 애초에 만들지 말아야 했다. 송도의 전망이 불투명했던 2001~2002년에 내린 결정을 지금 비판하는 것은 무리라고 할 수 있다. 하지만, 사업 초기 NSIC가 용적률 인상을 요구했을 때 재협상을 했더라면 문제의 소지를 줄일 수 있었을 것이다.

### 대규모 장기 사업에서 개발이익 실사는 어렵다

아트센터 인천 사업은 NSIC가 아트센터 주변 지역 수익사업으로 얻은 이익을 투자해서 아트센터를 짓고 인천시에 양도하고 남는 돈은 인천시에 주기로 한 사업이다. 개발이익을 환수하려면 아파트 개발이익과 아트센터 공사비를 확인해야 그 규모를 결정할 수 있다. 아트센터 공사비 2,616억 원이 부풀려졌다는 의혹이 있어 인천시가 공사비를 검증하려고 했다. 포스코건설이 공사를 맡았는데 인천시가 NSIC를 통해 실사했다. 처음에는 NSIC가 실사에 비협조적이었는데 포스코건설과 갈등이 커지자 오히려 실사에 협조적으로 나섰다.

포스코건설이 밝힌 잔여수익금은 608억 원이지만, 2016년 인천경제청 실사 결과 잔여수익금은 1,297억 원이다. 차이가 나는 이유는 공사비로 인정되는 항목에 대한 이견 때문이다.

<그림 4-2> 아트센터 인천

자료: 인천경제청

그런데 공사비 인정 항목에 대한 견해 차이가 없다고 하더라도 각 항목이 적정 시장가격을 반영하고 있는지 검증하는 것은 별개의 문제다. 회계사가 그것까지 확인하기는 어렵다. NSIC는 약속을 어기고 아트센터를 인천시에 양도하지 않고 버티고 있다. NSIC는 오히려 토지비용 2,750억 원이 누락되어 잔여수익금은 오히려 1,453억 원 적자라는 주장을 들고 나왔다. NSIC는 약속을 어기고 아트센터를 인천시에 양도하지 않고 버티다 2018년 12월에야 양도했다.

아트센터 인천 사업은 NSIC 전체 사업 가운데 극히 일부에 지나지 않는데도 이렇게 문제 해결에 어려움을 겪었다. 인천경제청은 과거와 달리 NSIC에 대한 주기적 회계감사를 통해 개발이익 유출을 막으려 노력한다. 하지만, 작은 연동개발 사업에도 개발이익 산정에 대해 논란이 있는데 적어도 20년은 걸릴 듯한 전체 사업에 대해 개발이익을 제대로 검증할 수 있을지 의문이다.

### 너무 큰 SLC 연동개발의 대가

인천시가 SLC와 연동개발 계약을 하지 않고 기다리다 기반시설 조성 후 6·8공구를 개별 필지 별로 평당 1,000만 원에 판다고 하자. 면적이 69만 평이니 매각수입은 6조9,000억 원이

<표 4-3> 6·8공구 69만 평 블록별 매각 시 예상 개발이익

| 예상매각가 (만 원/평) | 800 | 900 | 1,000 |
|---|---|---|---|
| 매각대금 총액(억 원) | 5조5,200 | 6조2,100 | 6조9,000 |
| 조성원가 (만 원/평) | 299 | 299 | 299 |
| 조성원가 총액(억 원) | 2조631 | 2조631 | 2조631 |
| 개발이익(억 원) | 3조4,569 | 4조1,469 | 4조8,369 |

고, 여기서 평당 조성원가 299만 원을 고려하면 전체 조성원가는 2조631억 원이다. 차액 즉 개발이익은 4조8,369억 원이다(〈표4-3〉). 매각 단가를 평당 800만 원으로 보수적으로 가정하면 개발이익이 3조4,569억 원이 된다. 연동개발 안 하고 따로 직접 팔면 약 3조5천억~4조8천억 원의 개발이익이 인천시에 귀속된다고 볼 수 있다.

가정이지만 SLC 연동개발 사업이 예정대로 진행되면 인천시 개발이익은 얼마나 될까? 조성원가 이하 토지 공급가격에서 평당 '299만 원 - 240만 원 = 59만 원' 손해를 봤으니 전체적으로는 4,071억 원 손실이 답이다. 왜냐하면, 감사원이 지적했듯이 SLC 개발이익 배분은 구속력이 없기 때문에 땅만 원가 이하로 팔고 끝나버리기 때문이다. 대신 151층 인천타워는 들어서겠지만 그렇다고 인천타워가 인천시 소유로 되는 것도 아니다. 인천타워를 구경하는 비용으로 인천시가 3조5천억~4조8천억 원을 포기한다면 너무 큰 비용을 치르는 것이다.

## SLC 원계약에 따른 개발이익 환수가능성은 없다

인천경제청은 SLC와 재협상을 해 194만㎡(약 58.7만 평)를 회수하고 34만㎡(약 10.3만 평)만 SLC에 매각하기로 합의했다. 그리고 SLC가 아파트 사업을 통해 얻은 초과 수익을 사후에 절반씩 나누기로 했다. 인천경제청은 과거와 달리 잠재적 문제를 인식하고 사업이 끝낼 때까지 기다리지 않고 블록별 정산을 하려 하는데 SLC가 사업완료 후에 하겠다고 거부하고 있다. 사업 기간과 사업 규모가 작아도 개발이익 산정이 이처럼 쉽지 않다. 회계가 투명해서 이윤의 크기는 확정할 수 있다 해도 내부수익률은 구체적 조항이 없으면 구하기 어렵다. 오죽했으면 이종철 경제청장이 인천시의회 답변에서 내부수익률은 고무줄이라고 표현했을까.

원계약에 따르면 개발이익에 대한 합의가 안 되더라도 인천시가 SLC에 책임을 물을 수 없게 되어있었다. 그 조항이 없더라도 대규모 장기사업을 하면서 불확정적이고 유출 가능한 개발이익을 나중에 받는다는 것은 못 받는다는 것과 다를 바 없다. 앞서 지적했듯이 모회사들이 보증하지 않은 상태에서 SPC(시행법인)가 분식회계를 하거나 모회사로 이익을 유출해서 회사를 적자로 만들면 인천시가 대응할 방법이 별로 없다. SPC가 돈이 없다는데 어떻게 할 것인가. 그리고 모회사는 법적으로 시행사가 아니기 때문에 SPC가 파산해 버리면 어디

가서 하소연할 데가 없다.

## 사업여건이 좋아져도 돈을 못 번다는 NSIC

NSIC는 용적률 인상을 요구해 뜻을 이뤘는데 좀 오래된 자료지만 〈표 4-4〉을 살펴보면 용적률이 큰 폭으로 상승했음을 알 수 있다. 국제업무 용지를 뺀 주거용지 용적률은 평균적으로 255% 올라갔다. 당연히 수익성이 두 배 이상 크게 개선됐어야 하는데 지역신문 보도에 따르면 NSIC는 누적 적자가 6천억 원 이상이고, 다른 보도에는 7천억 원이다.[37] 2010년 NSIC는 누적손실이 있는 상태에서 1년 안에 4,000억 원의 차입금 만기가 돌아온다고 하소연했다. 그 고비를 넘기면 재무구조가 개선될 것이라고 했다. 그런데 7년 만에 오히려 누적손실이 거의 두 배로 더 커졌다.

2002년 NSIC 전신인 NSC가 컨설팅기관인 바이거스 코리아Vigers Korea에 의뢰한 타당성조사 보고서는 현재가치로 약 5~6억 달러의 개발이익을 예측했다.[38] 이 분석에서 가정한 차입

37 김종국, NSIC 행보, 아파트 건립~토지 매각에 치중될 듯, 기호일보, 2017.10.10., http://www.kihoilbo.co.kr/?mod=news&act=articleView&idxno=718624

38 순 수익이 현재가치가 아닌 명목 가격으로는 비차입 시 24억 달러에 달한다.

<표 4-4> 최초 계획 대비 송도국제업무단지 주거 면적 변화

| 구분 | 토지공급계약 | | | 2차 변경 | | | 최초 대비 연면적 변화 | |
|---|---|---|---|---|---|---|---|---|
| 시기 | 2002. 03. 20 | | | 2009. 2. 24 | | | | |
| | 바닥면적 ㎡ | 평균 용적률 | 연면적 ㎡ | 바닥면적 ㎡ | 평균 용적률 | 연면적 ㎡ | 증가면적 ㎡ | 증가율 |
| 단독주택 | 343,990 | 8% | 27,868 | - | - | 68,150[a)] | 40,282 | 244.50% |
| 공동주택 | 692,029 | 191% | 1,321,000 | 768,547 | 265% | 2,036,478 | 715,478 | 154.20% |
| 국제업무 | 809,390 | 260% | 2,106,955 | 765,648 | 567% | 4,338,600 | 2,231,645 | 205.90% |
| 주상복합 | 101,173 | 115% | 116,130 | 414,016 | 395% | 1,634,660 | 1,518,530 | 1407.60% |
| 계 | | | 1,948,211 | | | 4,465,653 | 4,505,935 | 229.20% |

a): 골프장 내 단독주택
자료: 인천경제청, 2010

이자율은 10%, 할인율[39]은 13%로 매우 높아서 개발이익의 현재가치를 크게 줄였다. 차입 이자율이 높으면 당연히 비용이 커져 현재가치가 줄고, 비용이 초기에 수입이 후기에 반영되는 상태에서 높은 할인율은 미래 이익의 현재 가치를 크게 줄이기 때문이다. 바이거스 코리아는 2000년대 중반 부동산 붐 발생 이전이었기 때문에 아파트 분양가를 당시 시세를 반영해 평당 700만 원으로 낮게 가정했다. 연간 예상 상승률은 3%로 가정했다.

차입 이자율과 할인율을 너무 높게 책정해 예상이익의 현

39 미래의 가치를 현재의 가치와 같게 하는 비율이다. 예를 들어 할인율이 13%면 내년 100원의 현재가치는 100/(1 + 0.13) = 약 88.5원이다. 할인율이 높아질수록 현재가치는 감소한다.

재가치를 줄였다. 이후 실제 분양가가 가정보다 크게 올랐고 용적률도 크게 올랐다는 점을 고려하면 더 큰돈을 벌었어야 맞는다. 그런데 적자라니 미스터리가 아닐 수 없다. 감사원(2009)이 NSIC가 특수관계회사와 용역계약을 맺고 2005~2008년 사이에 1,789억 원의 용역비를 지급한 사례를 지적하기도 했지만 도대체 지난 십여 년간 무슨 일이 일어났는지 알 수 없다. 물론 NSIC도 할 말은 있어서 커낼워크 사업 적자, 인천시 기부채납 시설, 금융위기 등을 누적적자의 원인으로 언급한다. 그렇다고 하더라도 궁금한 생각이 드는 건 마찬가지다. 기부채납했다고 홍보하는 컨벤션센터와 센트럴파크 그리고 적자사업인 국제학교는 실제로는 더샵퍼스트월드에서 얻은 수천억 원의 개발이익과 맞바꾼 건 아닌가.

## 실패한 NSIC의 연동개발

개발사업자는 수익사업인 주택사업을 먼저하고 인구가 많이 늘어서 땅값 상승과 업무용 빌딩 공실률을 확인한 후 손실 가능성이 없을 때 업무시설을 짓는 게 유리하다. 하지만, 그렇다면 애당초 연동개발 목적으로 땅값을 싸게 줄 이유가 없다. 연동개발은 수익사업과 비수익사업을 같이 하라는 것이다. 그러나 개발업자는 주택사업을 먼저 하려 들게 마련이다. 연동개발이 안 되면 인천시가 주거시설 건축허가를 내주지 않아 압박하는 방법이 있지만 이게 그리 쉬운 일이 아니었던 모양이다. 2007년 안상수 시장은 공식 제안은 아니었지만 NSIC에 4천억 원의 손실보전금 대신 사업권을 포기하라고 제안했다. 그러나 유리한 계약서를 손에 쥐고 있는 NSIC가 돈 되는 사업을 포기할 리 없었다. 차라리 용적률 인상 대가로 땅 일부를 환수하는 것이 협상 여지가 있으니 더 현실적인 조처였을 것이다.

〈표 4-5〉를 보면 착공은 비슷한 비율로 했는데 준공 실적은 확연히 차이가 난다. 업무시설에 송도컨벤시아가 빠져 있기는 하지만 2009년 6월 기준 준공시설이 없다. 그러나 그 후 커낼워크 상가, 동북아트레이드타워, 포스코건설 사옥, 호텔 등이 준공되어 실적은 다소 개선됐을 거로 보인다. 하지만 연동개발 의무 비율이 대폭 완화된 지 오래고 아파트는 많이 지은

<표 4-5> 송도국제업무단지 연동개발 추진 실적

| 구분 | | 계획(A) (단위: ㎡) | 실적(B) (단위: ㎡) | 비율(=B/A) (단위:%) |
|---|---|---|---|---|
| 착공 기준 (2008년 말) | 주거 | 2,296,132 | 1,358,458 | 59.2 |
| | 상업업무 | 2,052,584 | 1,194,894 | 58.2 |
| | 계 | 4,348,716 | 2,553,352 | 58.8 |
| 준공기준 (2009년 6월) | 주거 | 1,016,041 | 349,119 | 34.4 |
| | 상업업무 | 1,163,443 | - | 0 |
| | 계 | 2,179,484 | 349,119 | 16 |

자료: 인천경제청 (2009년 감사원 자료 재인용)

상태에서 사업이 중단된 지금 연동개발은 실패했다고 할 수 있다.

NSIC는 최초계약에서 선도사업인 지금의 포스코타워-송도를 제외하고도 오피스빌딩을 59개 짓겠다고 약속했다. 그러나 2018년 상반기 기준으로 업무시설의 핵심인 오피스빌딩은 경제청 사옥과 포스코타워-송도를 제외하면 5개 동에 불과하다. 오피스빌딩 59개는 어차피 비현실적인 수치이지만 다섯 개는 너무 부진한 실적이다.

2010년 송영길 시장 당선인 시절 일부 인수위 관계자들은 NSIC의 부도 위기 주장을 진지하게 받아들였다. NSIC는 2009년 말 기준 누적 결손 상태였다. 땅값 납부와 송도컨벤시아, 센트럴파크, 국제학교에 대한 투자로 적자를 봤다고 했다. 하지만 1) 용적률 두 배 이상 증가 2) 타당성 조사 당시보다 주택경기 호조 3) 연동개발 이행 부진 4) 컨벤시아 공사비와 교환한 송도더샵퍼스트월드의 막대한 분양수입을 고려하면 설득력이 없었다. 초기 땅값 납부 부담이 있었더라도 사업성이 호전됐으니 모기업이 보증을 서면 부도 위기는 쉽게 해결될 일이었다.

약 1조2,600억 원의 땅값을 자기 돈이 아니라 국내 은행에서 빌려서 내고 이로 인해 누적 손실이 있으니 용적률 올려주고 용도변경해주고 연동개발 의무를 완화해 달라는 요구가 합리적인 주장인가? NSIC를 비난하는 것이 아니라 애초에 계약과 사업구조에 문제가 있었다. 못하겠다면 땅을 환수하면 되지 끌려 다닐 필요가 없었다. 그러나 요구가 수용된 이후에 사업을 포기할 사업자는 없고, 인천시가 땅을 환수할 방법도 없다. 사업자가 사업을 계속 하겠다면 막을 수 없기 때문이다.

2010년 인천경제청은 NSIC의 부도 위기 주장을 사실로 믿어서 그랬는지 연동개발 의무비율을 5:5에서 대폭 완화했다. 인천경제청은 업무시설 용지는 그대로 두고 단지 개발 순서만 조금 조정을 해주었다고 밝혔다. 순서만 바꾸었을 뿐 업무시설 면적을 줄이지 않았으니 문제없다는 것이다. 시장원리에 맡기면 시간이 오래 걸려서 그렇지 어차피 주거시설 → 업무시설 순서로 개발된다. 땅값을 싸게 주는 대신 시간을 단축해서 주거시설과 업무시설을 동시에 지으라는 것이 연동개발의 목적이다. 그 목적을 훼손하고 업무시설 면적을 줄이지 않았으니 괜찮다는 주장은 납득하기 어렵다.

인천경제청은 연동개발 비율이 시장원리에 맞지 않다는 지적도 했다. 맞는 말인데 땅을 시세의 몇 분의 1로 공급하는 것은 시장원리에 부합하는가? 처음에 시장원리에 어긋나게 땅을 싸게 주고 개발 의무를 이행할 때는 원계약과 달리 시장원리를 고려해 사정을 봐준다면 특혜라고 할 수밖에 없다. 다만 연동개발 의무를 완화해주는 대가로 개발이익 환수규정을 잔여 순현금 배분 방식으로 바꿨다면 어느 정도 수긍할 만하다.

## 다시 시도하다 좌초된 6·8공구 연동개발

연동개발이 좋은 성과를 거두지 못했는데도 불구하고, 인천시는 계속 연동개발을 시도했다. 2015년부터 6·8공구에 전시시설과 호텔, 아파트를 건설하는 엑스포시티 사업을 추진하다 조건이 맞지 않아 무산됐다. 이에 굴하지 않고 인천경제청은 6·8공구 중심부 128만㎡(38.7만 평)를 개발하기 위해 공모를 통해 2017년 5월 블루코어컨소시엄을 우선협상대상자로 선정했다. 수의계약이 아니고 공모를 해서 투명성은 높아졌다. 이 사업 역시 주거시설과 업무시설을 같이 짓는 또 다른 연동개발 사업이었다. 그러나 부지 공급가격, 업무시설과 주거시설 규모에 대해 후속 합의를 하지 못하고 2017년 9월 인천경제청이 우선협상대상자 지위를 취소했다.

블루코어컨소시엄은 반발하고 있는데 합의가 어려웠던 사정이 있다. 인천시는 이전에 8공구 주거용지를 팔면서 원활한 토지매각을 위해 세대수를 늘려줬다. 그 결과 블루코어컨소시엄 사업대상지 주거용지에 배정된 세대수가 줄었다. 업무시설은 여전히 공실 가능성이 높다. 컨소시엄은 주거시설 세대수를 늘리고 업무시설을 오피스텔 용도로 짓고자 했다. 그러나 6·8공구에 할당된 도시계획상 인구가 있어 인천경제청은 재량으로 계획인구를 늘려주기 어려웠다. 그리고 오피스텔은 과잉공급인 데다 경제자유구역 취지에 맞지 않다고 판단했다. 그러나 컨소시엄은 인천경제청이 원하는 계획으론 사업성 확보가 어렵다고 봤다.

세대수를 늘려 아파트를 짓고 일반 업무용 빌딩 대신 오피스텔을 짓는다면 땅값을 싸게 줄 필요가 없다. 민간사업자는 업무용 시설보다 주택사업에 관심이 있으므로, 애초에 인천경제청이 연동개발을 전제로 한 일괄개발을 시도하지 않았어야 했다. 블록별로 주거용지를 제값에 팔고 오피스텔이 허용되지 않는 업무용지를 싸게 파는 게 갈등의 여지가 없다. 업무용지를 비싸게 팔 수 없지만 시세가 그렇다면 그게 제값이고, 연동개발한다고 시장 상황이 호전되는 것도 아니다. 블루코어컨소시엄이 제기한 소송이 진행되고 있지만 그나마 본격적으로 사업을 시작한 후 개발업자가 의무이행을 미뤄 더 큰 갈등이 생길 여지를 막았으니 다행이다.

## 연동개발은 안하는 게 정답이다

여러 부작용이 많은데 개발이익이 큰 연동개발은 어떻게 해야 할까? 정답은 연동개발을 하지 말아야 한다는 것이다. 제안요청서를 잘 만들어서 개발 구상 및 계획을 공모한 다음, 이에 따라 필지 별로 사업을 추진하면 된다. 주거용지와 상업용지는 경쟁입찰을 통해 필지별로 팔고 수익금은 잘 안 팔리는 업무시설과 앵커시설 조성에 투자해야 한다. 업무시설 용지를 싸게 팔면 연동개발사업자보다 빨리 사업을 진척시킬 수 있다. 필지 별로 땅을 팔면 난개발이 일어난다고 우려하는 사람도 있지만, 이는 기우에 지나지 않는다. 개발계획과 지구단위계획이 있는데 난개발이 일어날 수 없다. 업무용지를 산 사업자가 매입 후 주변 환경이 무르익을 때까지 개발을 미룰 수도 있다. 이게 걱정이 된다면 땅값을 시세보다 싸게 받고 대신 일정 기간 내 개발을 조건으로 하는 환매 조건부로 팔면 된다. 판교테크노밸리와 마곡R&D산업단지는 주변 아파트와 상업용지는 시장가격으로 비싸게 팔았다. 하지만 마곡은 조성원가에 판교는 조성원가 또는 감정가에 팔았다. 용지 거의 대부분을 필지 별로 팔았지만, 난개발은커녕 개발속도가 송도보다 빠르다.

## 2. 앵커시설 조성을 위한 연동개발의 미흡한 효과

### 비용 대비 효과가 미흡한 송도국제화복합단지와 인천글로벌캠퍼스

앵커시설 조성을 위한 대표적인 연동개발 사업이 송도국제화복합단지와 인천글로벌캠퍼스다. 사이언스빌리지와 투모로우시티 등 다른 사업도 있었는데 이들 사업도 우여곡절을 겪었다. 송도국제화복합단지 개발이익이 예상보다 작은 것처럼 사업운영 효율성도 중요한 사안이지만, 이런 유형 사업의 핵심은 앵커시설이 과연 많은 예산과 기회비용 즉, 제공된 부지를 넘어서는 가치가 있느냐는 것이다. 안타깝게도 비용을 상쇄할 만한 내실이 있어 보이지 않는다.

기능에도 한계가 있다. 송도국제화복합단지와 인천글로벌캠퍼스 모두 교육시설이다. 그런데 경제자유구역에서 교육시설이 의미가 있으려면 이공계와 자연계 중심 대학원이 들어와야 한다. 연세대 국제캠퍼스는 약학대학을 제외하면 이 범주에 해당하는 교육·연구과정이 없다. 인천글로벌캠퍼스에는 아예 없다. 이공계·자연계 대학원을 운영하려면 고가 실험 및 연구장비를 갖추어야 하는데 정부와 인천시 지원을 받아 운영되는 외국대학들이 그런 투자를 할 가능성은 아주 낮다. 그렇다고 정부와 인천시가 그런 돈까지 부담해야 하는지도 의문이다.

두 곳 모두 인문사회계열 학부과정이 대다수이므로 선진국 혁신클러스터처럼 산학연 연계가 이뤄지기 어렵다. 송도 입주기업과의 시너지 효과가 제한적일 수밖에 없다는 것이다. 연세대 송도 기숙사에 사는 학부생들은 구매력이 큰 편은 아니어서 지역경제 소비를 진작하는 효과도 작다. 잘 모르는 사람들에게 대외적 홍보 효과가 있는 편이지만 송도국제화복합단지와 인천글로벌캠퍼스가 차지한 면적과 관련 예산을 고려하면 투자 대비 효율이 너무 낮아 보인다. 두 사업에 들인 비용만큼 투자해서 지식산업센터나 R&D 시설, 창업보육 빌딩을 지어 벤처기업, 혁신적인 기술기업, 대기업에 무상임대[40] 또는 조성원가 이하 분양을 했다면 5·7공구 모습은 지금과 확연히 달라졌을 것이다.

판교테크노밸리는 20만 평에 6만2천여 명이 일하고 있다. 연계된 수익부지까지 포함하면 송도국제화복합단지와 인천글로벌캠퍼스 면적은 판교테크노밸리 거의 두 배에 달한다. 어떤 선택이 지역경제에 더 기여하겠는가? 대답은 자명하다. 다시 질문을 해보자. 송도국제화복합단지와 인천글로벌캠퍼스로 인해 일자리가 많이 늘었는가? 지방세수가 증가했나? 기숙사에 살고 주말이면 서울로 가는 신입생들이 지역 소비에 크게 기여하는가? 혁신클러스터를 만들었나? 산학연 연계가 제대로 되고 있나? 인천시가 개발이익을 얻었나? 이 질문에 대한 대답은 모두 부정적이다.

왜 그 당시 시 집행부는 전시성 사업에 치중해 기회를 낭비했을까? 5·7공구를 혁신기업 집적지로 만들었으면 11공구 사업전망도 훨씬 밝을 텐데 아쉬울 뿐이다. 앵커시설을 조성하

---

40 제2판교테크노밸리는 벤처타운을 건립해 선도 벤처기업이 연면적 30%를 창업기업 200개사에 무상 임대공간으로 제공할 계획이다.

기 위해 연동개발을 추진하는 것은 큰 문제가 아니다. 하지만 그 앵커시설이 무엇이 되어야 할지는 도시의 미래를 고려한 결정이 필요하다.

### 약속을 안 지킨 연세대에 오히려 선물을 주다

2018년 3월 인천시는 연세대와 '세브란스병원 건립과 사이언스파크 조성계획'을 위한 협약을 체결했다. 인천시는 SPC에 10만2,000평의 땅을 11공구 조성원가인 389만 원/평에 공급한다. SPC는 6만 평의 수익부지를 개발해서 버는 돈으로 4만2,000평의 교육·연구용지에 사이언스파크를 조성할 예정이다. 연세대는 교육·연구용지를 조성원가의 1/3도 안 되는 123만 원/평에 인수하게 된다. 대신 연세대는 종합병원을 짓고 학생수를 현재 5천 명에서 1만 명으로 늘리기로 했다.

그런데 문제는 종합병원, 학생수 1만 명, 사이언스파크가 기존 1단계 사업에 이미 포함돼 있는 약속이라는 점이다. 그 약속을 이행하지 않아 1단계 부지에 비어 있는 땅도 8만 평이 넘는다. 약속을 지키지 않았는데도 추가로 선물을 주겠다는 계약을 본 적이 있는가? 인천시는 연세대가 약속을 이행하지 않으면 페널티를 부과할 거라고 하지만 그 페널티는 실질적인 구속력이 없는 것들이다.

앞서 여러 질문을 통해 연세대 유치 효과가 미진하다고 지적했다. 그런데도, 연세대가 송도의 브랜드 가치를 높였다고 옹호하는 이들이 있다. 그런데 그런 사람들은 비용과 효과를 구분해서 비교하지 않는다. 인천시는 1단계 전체 부지 면적의 30%에 약간 못 미치는 수익부지에서 개발이익이 9천억 원 정도 발생할 것으로 예상했다. 하지만 실제 개발이익은 이에 크게 못 미쳐서 6천억 원 정도가 현실적인 수치로 보인다. 이 수치를 전제로 만일 수익부지 면적의 약 2.3배인 연세대 송도캠퍼스까지 수익 용도로 개발했다면 전체 개발이익은 2조 원 가까이 됐을 것이다. 즉 연세대 송도캠퍼스 유치를 위해 인천시는 2조 원의 개발이익을 포기한 것이다. 연세대 송도캠퍼스가 송도의 브랜드 가치를 2조 원 이상 올렸을까?

학생수가 1만 명이 넘는 연세대 원주캠퍼스 때문에 원주시 위상이 크게 높아졌다고 믿는 사람들이 많을까? 인기 TV 프로그램에 출연한 송일국의 삼둥이가 연세대보다 송도를 알리는 데 더 기여했다고 본다. 주민들은 대학이 아니라 초중고에 민감하게 반응한다. 연세대와 협약 이전인 2005년에 분양된 송도 더 샵 퍼스트월드는 1,400만 원/평의 고분양가에도 불구하고 성공적으로 분양됐다. 즉, 주거지로서의 매력과 잠재력은 이미 충분했다는 것이다. 그럼 연세대가 기업 유치에 기여했나? 그것도 아니다. 기업 유치를 위한 용지는 무상임대를 해주었거나 남동산단 지가의 1/3 가격에 팔렸다. 헐값 매각으로 이미 인기가 높은데 굳이 6천억 원을 들여 대학을 유치해서 홍보한다고 실익이 있었을까?

## 3. 사업성이 불확실한 연동개발의 좌초

### 비싼 땅값 때문에 개발사업이 힘든 영종지구

사업성이 없는데도 추진하는 사업은 연동개발보다 무모한 개발이라는 표현이 더 적절하다. 무모한 개발은 주로 영종지구에서 추진됐다. 영종의 사업대상지는 LH와 인천도시공사가 조성한 부지, 인천공항공사 소유지, 미단시티 부지, 사유지로 구분할 수 있다. 인천공항공사가 소유한 땅은 저렴하게 임대하니 사업성이 있고 성공 사례도 있지만,[41] 다른 곳은 여의치 않다. LH가 조성한 토지는 조성원가가 평당 365만 원이었지만 주거용지를 700만 원대에 매각했다. 조성원가에 용지를 매입해 주택사업만 한다면 수익성을 확보할 수 있지만, 주택사업을 하는데 LH가 그 가격에 팔 리 없다. 외자유치 명분을 내세워 주택사업과 병행하면 조성원가 토지공급이 가능할 수

41 인천공항 자유무역지역 입주기업과 제1터미널 남측 파라다이스시티는 임대로 토지를 사용하고 있다.

있지만 사업성이 불확실하다.

사유지는 난무한 개발계획 때문에 기대감이 높아져 땅값이 올라갔고 보상을 노리고 지은 깡통주택도 많아 보상 부담을 고려하면 사업이 쉽지 않다. 2012년 기준 용유 을왕동과 덕교동에 공시지가가 높은 곳은 각각 평당 700만 원대와 500만 원대에 달했다. 더구나 용유·무의 지역은 경사지가 많아 개발이 어려운 땅이 많다. 필요한 일부 지역 토지만 사서 사업하는 것은 가능하다. 하지만, 수십만 평, 수백만 평을 수용해 개발사업을 하기는 어렵다. 사업 규모가 커서 힘들기도 하지만 활용하지 못하는 땅이 많이 포함될 수밖에 없기 때문이다.

이런 악조건에도 불구하고 많은 사업자가 사업을 추진하다 고배를 마셨다. 밀라노디자인시티에는 인천시 공기업들이 손해를 봤고 용유·무의 지역에서는 주민들이 피해를 봤다. 용유 · 무의 토지의 70% 정도가 외지인 소유라고 하니 주민이라기보다는 지주들이 손해를 봤다는 표현이 더 정확할 것 같다.

## 왜 무모한 사업을 하려 할까?

왜 많은 자칭 사업가들이 무모한 사업을 시도하는 걸까? 추측을 해보자면, 사업이 안 되더라도 추진하는 동안 얻는 게 있기 때문인 것으로 보인다. 정부 또는 지자체와 개발사업 MOU

를 맺으면 어느 정도 대외적 신뢰도를 과시할 수 있다. 이를 토대로 잠재적인 투자자를 찾아다니면 사업을 추진할 수 있는 돈은 아니지만 한시적으로 회사를 운영하고 경영진으로 일해 월급 받을 수 있는 돈은 모을 수 있다.

누가 그런 사탕발림에 넘어갈까 싶지만, 10명 중 한 명만 설득할 수 있어도 50명 만나면 5명의 투자자를 확보할 수 있다. 건설회사 중엔 혹시나 하는 마음에 나중에 시공권이라도 확보할 수 있다는 기대를 하고 출자하는 회사가 있다. ㈜에잇시티의 선배 격인 ㈜오시아나에는 중견 건설기업인 울트라건설이, ㈜에잇시티에는 대우건설이 참여했다.

개발사업 호재를 갖고 코스닥 특정기업이 이 사업과 연관돼 있다는 정보를 흘려 주가를 조작하려 했다는 개발사업자가 있었다는 말도 있었지만 확인 된 것은 아니다. 사업대상지만 영종일 뿐 인천시와는 무관한 사업이었다. 재미교포가 포함된 인사들이 미국과 중동 등 외국 투자자를 내세워 시·도를 접촉해 거창한 개발계획을 제시하고 MOU나 협약을 맺고 사업을 추진하다 무산되면 다시 다른 시·도에 접근해서 사업을 추진하다 접는 일을 반복하는 사례가 흔하다. 데리고 오는 중동 기업이나 왕자들도 바뀌곤 하는데 그 많은 왕자들을 어떻게 동원하는지 감탄스러울 뿐이다. 무모한 사업 제안을 걸러내는 것은 아주 중요한 일이다. 어차피 특혜가 발생할 일은 아니지만 사업을 추진하다 시간을 낭비하고 피해자가 발생할 수 있기 때문이다.

## 무모하게 시작해 성공하는 사람도 있다

가진 돈도 별로 없는데 무모하게 개발사업에 도전하다 자신뿐만 아니라 주변 사람, 인천시까지 힘들게 하고 실패하는 사람이 많았다. 하지만 빈손으로 성공한 사람도 있다. 그는 한 다리 건너 알게 된 시장과의 친분을 활용해 개발사업 MOU를 맺었다. 개발실적도 없고 큰 사업을 할 만한 돈도 없는 사람이었다. 그가 맺은 MOU는 별다른 진전 없이 시간이 지나 실효됐다. 그런데 개발사업 공모가 시작되자 어느 컨소시엄의 일원으로 공모에 참여했다. 공모절차가 마무리되기 전에 근거 없는 내정설을 흘리고 다녀 주목을 받았다. 결과적으로 그가 참여한 컨소시엄이 우선협상대상자로 선정됐다. 그 컨소시엄 관계자에게 왜 돈도 실적도 없는 인물을 끌어들였냐고 물었다. 실제로 그가 시장의 지원을 받는 사람이라고 오해했다는 답변이 돌아왔다.

그 사업가는 보유 지분이 미미했지만 컨소시엄의 실세를 자처하며 개인 자격으로 실체가 불분명한 투자를 권유하고 다녔다. 컨소시엄 내부에서도 골치를 앓았다. 하지만 그 컨소시엄 사업은 여건이 여의치 않아 계획대로 진행되지 않았다.

그런데 그는 포기하지 않고 몇 년 후 다른 개발사업을 들고 나왔다. 인천경제청 승인을 받고 사업이 진척됐지만 개발사업자로서 일을 제대로 처리하지 못했다. 하지만 이미 시작된 일, 선의의 피해자가 나올 수 있기 때문에 인천경제청도 곤란할 수밖에 없었다. 인천경제청이 나서 그의 권한을 회수하고 사업이 굴러가게 했다. 그는 개발사업자 자격을 포기하는 대신 사업 일부의 권한을 확보했다. 애초 기대한 큰 꿈을 이루지 못했지만 자신이 투자한 돈과 그동안의 행보를 고려하면 크게 성공한 셈이다.

### 다 돌려보낼 수 없으니 검증 해야 한다

무모한 사업을 들고 찾아오는 사람들에게 설득당하면 주민 피해가 발생하거나 인천시가 돈과 시간을 낭비할 수 있고 시의 대외신뢰도가 떨어지니 조심해야 한다. 하지만 화려한 계획을 들고 왔다고 해서 모든 개발사업자를 의심할 수 없다. 확률은 낮지만 그중에는 능력 있는 선의의 개발사업자도 있을 것이기 때문이다. 사업을 중도에 접었지만 미단시티의 리포그룹, 영종에 복합리조트를 추진했던 오카다 카즈오는 재벌급 투자자로 허무맹랑한 사업을 추진하지도 않았다. 개발사업자를 잘 선별해야 하는데 적은 비용으로 조사를 해주는 국제적인 신용평가기업이 있으니 지명도가 낮은 사업자도 신용도와 평판을 조회할 수 있다.

인천경제자유구역은 아니지만 검단에 중동자본을 유치해 스마트시티를 조성하겠다는 윤○○라는 재미교포가 있었다. 2008년 윤 씨는 부산시 동부산관광단지에 중동자본을 들여오겠다고 나섰다 약속을 지키지 못한 적 있다. 글로벌 금융위기 직후 인천도시공사가 자금난을 겪을 때 윤 씨는 인천시에도 접근했다. 인천도시공사에 8%의 이율로 10억 달러의 중동자금을 빌려주겠다고 제안했다. 인천시는 솔깃했지만 윤 씨의 제안은 결국 공수표로 끝났다. 2010년 다시 중동 사업가를 데리고 인천시에 나타나 송영길 시장 당선인을 면담했는데, 별다른 후속 움직임은 없었다.

윤 씨는 2013년에 중동자본을 투자해 페라리월드 테마파크와 스마트시티를 건설하기로 하고 파주시와 협약을 맺었다. 2년을 끌다 파주 스마트시티 사업은 무산됐다. 윤 씨는 2015년 다시 인천시와 검단스마트시티 사업을 위한 MOU를 맺었다. 이번에도 중동자본이 투자한다고 했다. 그러나 2016년에 합의가 결렬돼 사업이 무산됐다. 처음에는 윤 씨를 믿었지만 뒤늦게 의심이 생긴 인천시가 투자 이행을 위한 안전장치를 최종 계약에 넣고 싶어 했기 때문이다. 처음부터 검증을 제대로 했으면 그런 혼선을 겪지 않았을 것이다

개발사업자의 실적과 능력뿐만 아니라 사업타당성도 검증

해야 한다. 돈과 시간 때문에 모든 제안 사업의 타당성 조사를 인천경제청이 직접 하기는 어렵다. 하지만 개발사업자가 타당성 조사 보고서를 제출하게 하면 된다. 타당성 조사 결과를 내라고 하면 개발사업자는 큰 이익이 기대되면 예상 개발이익을 줄이고 무모한 사업이면 개발이익을 부풀려 잡을 개연성이 높다. 예상 개발이익이 크면 인천경제청이 개발이익을 더 내놓든지 비수익 시설을 더 지으라고 요구하게 된다. 사업자는 적정 수준으로 개발이익을 낮춰 보여줄 것이다.

적자를 예상하는 제안은 아무 의미가 없기 때문에 무모한 사업을 하려는 사업자는 개발이익을 과다추정해서 제시하게 된다. 따라서 사업자의 타당성 조사 결과를 그대로 수용하기는 곤란하다. 하지만, 인천시가 직접 원점에서 타당성 조사를 하지 않더라도 개발사업자가 제출한 타당성 조사에 적용한 가정 등을 검토하면 정책당국에서 큰 부담 없이 타당성 조사 결과를 판단할 수 있다.

# 5

# **외국인투자**에 매달릴 필요 없다

## 1. FDI 정말 필요하고 여건은 되나?

### FDI 유치 효과는 사례별로 다르다

정책당국과 여론이 중시하는 외국인투자 유치가 어느 정도 효과가 있는지 살펴보자. 범주를 좁혀서 외국인직접투자 즉, FDI 효과를 보자. FDI는 신기술과 지식 이전, 인적자원 형성, 국제시장과의 통합, 경쟁 확산, 기업 재정비 등을 통해 투자유치국의 경제성장에 영향을 미친다. 그런데 긍정적 시각이 우세하긴 하지만 효과가 사례별로 다양해서 FDI 효과에 대해 합의된 결론이 없다. 수많은 실증 연구결과가 있지만, 이를 종합해서 분석한 여러 논문은 실증연구 결과가 확실한 결론을 내려주지 못한다는 점을 강조한다. 결론은 사례별로 다르다는 것이다. 하지만 대부분의 정책결정자들이 FDI 유치가 자국에 도움이 된다고 믿고 있다는 점은 확실하다.

이해를 돕기 위해 특정 상황을 가정해보자. 한국과 일본 자동차기업이 미국에 현지 공장을 짓고 투자해 미국 자동차기업이 어려운 처지에 내몰린다면 미국 입장에서 자동차산업 FDI는 좋은 것일까 나쁜 것일까? 이익을 본 소비자가 있고 다른 한편엔 피해를 본 미국 자동차회사 주주와 노동자들이 있으니 답하기 쉽지 않다.

예전에 상하이자동차가 쌍용자동차를 인수했는데, 대량해고를 하고 기술만 빼간다고 상하이자동차를 먹튀 자본으로 규정하는 비난 여론이 비등한 적 있다. 그러나 2010년 인도 마힌드라가 쌍용차를 인수한 후에는 해고직원도 다수 복직되고 경영상태도 개선됐다. 상식과 다소 어긋나지만 이렇게 FDI는 좋을 수도 있고 나쁠 수도 있는 것이다. FDI가 좋더라도 믿음이 과하면 안 되고 자본의 국적을 따져 국내기업을 역차별하는 정책은 그만두어야 한다. 하물며 그 자본이 무늬만 외투기업이라면 더 설명이 필요하지 않다.

## 그린필드 투자와 M&A 투자

앞서 외국인투자는 유형에 따라 간접투자와 직접투자로 구분한다고 했다. 외국인직접투자는 다시 그린필드 투자와 M&A 투자로 나뉜다. 그린필드 투자는 공장이나 사업장을 신설하거나 설비를 확충하기 위한 투자를 가리킨다. M&A 투자는 이미 설립된 회사를 인수·합병을 통해 사들이는 것이다.

최근에는 세계적으로 M&A 방식 FDI가 증가하는 추세인데,

<표 5-1> 외국인 직간접투자 유형

<table>
<tr><td rowspan="3">외국인투자</td><td rowspan="2">외국인직접투자</td><td>그린필드 투자</td></tr>
<tr><td>M&A 투자</td></tr>
<tr><td colspan="2">외국인간접투자</td></tr>
</table>

선진국일수록 M&A 방식 투자 비중이 높다. 선진국과 후진국 간보다 선진국 간 FDI가 활발하고 그중에서도 M&A형 FDI 비중이 60% 선으로 높다. 우리나라도 연도별로 변화가 심하지만 M&A 투자 규모와 비중이 커지고 있다.

## 송도는 FDI 유치에 그리 좋은 곳이 아니다

버먼(1972)이라는 학자가 투자기업 측면에서 본 해외투자 결정 요인을 인용해보자(〈표 5-2〉). 첫 번째 시장 지향 요인을 보면 한국 관세장벽이 꾸준히 낮아져서 외국 제조업체가 관세를 피하기 위해 한국에서 직접 생산활동을 할 유인이 줄었다. 농산물 관세율이 아직 높지만 농사지으려고 한국에 투자할 외국기업은 없다고 봐도 무방하다. 그러나 금융·보험, 부

<표 5-2> 투자자 입장에선 본 FDI의 동기

| 투자동기 | 내용 |
|---|---|
| 시장 지향 요인 | 관세 등 무역 장벽 등을 피하고 현지시장에 진출하기 위한 투자 |
| (천연)자원 지향 요인 | 천연자원을 현지에서 확보하여 안정적이고 효율적인 생산체계를 구축하기 위한 투자 |
| 생산효율 지향 요인 | 현지의 저렴한 생산요소를 활용해서 세계시장에서 가격경쟁력을 확보하기 위한 투자 |
| 전략적 자산 및 능력 습득 지향 요인 | 첨단기술이나 기업 핵심역량을 획득하기 위한 투자 |

자료: Behrman, J. N.(1972), The Role of International Companies In Latin America; Autos and Petro-chemicals, Lexington, MA : Lexington Books.

동산, 컨설팅, 유통, 통신, 호텔 등 관세가 아니라 규제(비관세 장벽)에 영향을 받고 직접 국내에서 고객을 상대해야 하는 외국계 서비스업 기업은 시장 지향 요인이 중요하다. 그런데 유통과 호텔은 예외지만 대도시 업무지역을 선호하는 이들 기업의 속성을 고려하면 서울을 택할 가능성이 크다. 예를 들어 외국은행이 송도에 지점을 두더라도 본점은 서울에 두지 않겠는가.

우리나라에 천연자원이 별로 없으니 자원 지향 요인은 자세한 설명이 필요 없다. 생산효율 지향 요인은 땅값과 인건비로 구분할 수 있는데 한국 임금 수준은 이제 매력적이지 않고, 땅값도 무척 비싼 편이어서 경쟁력이 낮다. 특히 서울과 주변 지역에서 비싼 땅값을 감수하고 외국기업이 공장을 설립할 가능성은 크지 않다. 마지막 전략적 자산 및 능력 습득 지향 요인은 속성상 M&A 투자가 주를 이룬다. 그런데 인천경제자유구역은 미개발지를 개발하는 곳이므로 아직 기업이 많지 않아 M&A 투자가 활발하게 일어날 수 없다.

송도가 FDI 유치에 썩 유리한 곳은 아니다. 외국인 개발사업자에게 좋은 곳이지만 외자를 가져오는 사례는 드물다. 송도에 제조업 외투기업이 많이 입주하지만, 주변시세보다 크게 낮은 가격으로 토지를 공급하기 때문이다. 그리고 이들은 대부분 무늬만 외투기업이거나 국내 타 지역에서 이미 활동하던 외국기업이다. 정상적인 상황이 아니다.

## 자본의 국적은 중요하지 않다

IMF 외환위기 때는 외자유치가 최우선 과제였다. 수십 년간 FDI를 멀리 하던 나라에서 갑자기 분위기가 돌변해, 외자유치를 떠받드는 정책과 사고가 만연해졌다. 경제자유구역에서 외자유치 실적이 부진하다고 질타하는 여론이나 언론 보도를 자주 접할 수 있다. 제발 이런 지적은 멈췄으면 한다. 지금은 외화보유고가 4천억 달러 가까이 된다. 외환위기 같은 극단적 상황이 아니라면 자본의 국적을 따질 필요가 없다. 외자유치가 필요 없다는 게 아니라 외자든 내자든 좋은 성과를 내는 것이 중요하다는 것이다.

달리 말하면, 자본의 국적에 상관없이 기업하기 좋은 환경을 만들고 투자를 유치하는 것이 중요하지, 굳이 외자라고 우대할 필요는 없다. 언론이나 시민들도 외자유치 실적이 부진하다고 인천경제자유구역을 매도하면 안 된다. 오히려 외자유치 명목으로 벌어지는 각종 불합리한 정책이나 행태에 대해 시정을 요구해야 한다.

무늬만 외투기업이거나 국내 다른 산업단지에서 이전해 오는 기업을 외투기업이라고 우대하는 게 무슨 의미가 있을까 싶다. 개발사업도 문제다. 국내기업에게 수의계약으로 대규모 개발사업 기회를 주지 않는다. 특혜시비가 발생할 수 있기 때문이다. 그런데 외국개발사업자를 끌고 오면 문제 삼지 않는다. 그런 정책 때문에 포스코건설이 게일사를 데려왔지만, 게일사는 외자를 가져오지 않고 포스코건설 보증을 통해 국내은행에서 돈을 빌려 사업한다. 실제로 사업 주도는 포스코건설이 했기 때문에, 게일사가 하는 일은 자격증 취득한 사람이 남에게 자격증 빌려주고 돈 받아가는 것과 다를 바 없다. SLC 사업도 실질적인 사업자는 현대건설과 삼성물산이다. 이런 식의 허울뿐인 외국인투자 정책은 정부나 인천시가 그만둬야 한다.

## 2. 국내 기업을 역차별하는 나라는 한국밖에 없다

### 한국의 FDI 유치 정책

한국 정부의 외투기업에 대한 지원은 현금지원이나 규제 특례도 있지만 주로 조세감면 형태로 이뤄진다. 외투기업이라도 지원을 받으려면 자격이 있어야 한다. 고도기술 수반산업으로 인정받거나 외국인투자지역 또는 경제자유구역에 입주해 업종별 자격요건을 갖추면 지원 대상이 된다. 외국인투자지역은 단지형뿐만 아니라 개별형도 있어서 단지에 입주하지 않아도 지정을 받을 수 있다. 조세감면은 외국인 지분에 비례한다. 예를 들어 외투기업의 외국인 지분이 30%면 조세감면액도 여기에 비례해서 법인세도 100%가 아니라 30%만 감면해준다.

그러나 이렇게 국내외 자본을 철저하게 분리해 국내자본을 역차별하는 사례는 외국에서 거의 찾아볼 수 없다. 물론 많은 국가가 외국인투자 유치를 위해 노력하고 관련 정책을 펴지만, 국내외 기업을 차별하는 식으로 하지 않는다. 특정 지역에 투자하면 혜택을 주거나 일자리를 많이 만들거나 R&D 지출을 많이 할 것으로 보이면 인센티브를 준다. 그런데 인센티브를 받는 기업에 결과적으로 외투기업이 많을 수는 있어도 명시적으로 자국기업을 배제하지 않는다. 달리 표현하면 외국인투자를 염두에 두고 정책을 펴더라도 제도적으로 국내기업을 배제하지 않는 세련된(?) 방식을 쓴다.

## 영국의 FDI 유치 정책

영국은 2016년 기준 세계에서 미국 다음으로 스톡 기준으로 FDI를 많이 유치한 국가다. 순 FDI[42]의 누계가 스톡 기준 FDI인데 이 부문에서 영국이 세계 2위다. 플로우 개념의 FDI

42 FDI 유입에서 FDI 유출을 뺀 것. 여기서 FDI 유출이란 국내자본의 해외투자가 아니라 외국자본의 FDI 회수를 의미한다.

만 보면 매년 순위가 뒤바뀌는 일이 흔해서 자칫하면 사실을 이야기해도 오해받을 수 있다. 영국은 그만큼 FDI가 활발하고 FDI 유치 정책도 적극적으로 추진하고 있다. FDI를 위한 영국의 대표적인 지원수단은 선택적 재정보조금SFI, Selective Finance for Investment in England인데 일정 요건을 갖추면 지원 여부와 규모는 정책당국 재량에 달려 있다. 자본의 국적을 처음부터 가르지 않고 고용이나 R&D, 생산성에 미치는 효과 등을 고려해서 재량으로 지원 규모를 결정하니 외국기업이 수혜자가 된다고 해도 국내기업 역차별이라 할 수 없다.

### 아일랜드의 FDI 유치 정책

아일랜드는 법인세율을 외투기업에 대해서 10%, 국내기업에 12.5%를 적용해 외투기업을 우대했지만, 2003년부터 국내기업과 똑같이 12.5%를 적용하고 있다. 그밖에 다양한 조세감면 제도와 보조금 지원 정책을 시행하고 있는데 국내외 기업을 차별하지 않는다. 아주 낮은 법인세율을 이용해서 적극적인 외국인투자 우대 정책을 펴지만 국내기업을 배제하는 방식은 아니다.

아일랜드는 한때 인구가 400만 명을 겨우 넘는 작고 가난한 나라였다. 국내 자본도 미약하고 자국 시장도 작으니 외국인

투자를 적극적으로 유치하는 정책을 펴서 성공했다. 관문 역할을 할 수 있는 지리적 이점이 있는 작은 나라는 그렇게 하는 것이 옳다. 홍콩, 싱가포르, 두바이 등이 그런 나라인데 우리가 따라 할 필요는 없다. 홍콩, 싱가포르, 두바이는 빈부격차가 심하고 노동자의 권리도 제대로 보장하지 않는다. 기업하기 좋은 나라일지 모르나 살기 좋은 나라인지는 모르겠다.

### 싱가포르의 FDI 유치 정책

싱가포르는 독립 당시 작고 가난한 도시국가여서 적극적으로 외국인 투자를 유치했다. 규제가 유연하고 법인세율은 17%다. 신규법인에 대해서는 조세 인센티브를 준다. 소득세와 판매세도 매우 낮다. 싱가포르 경제에 도움이 되는 투자 유형을 구분해 놓고 법인세 감면 혜택을 준다. 예를 들어 개척자 기업Pioneer Enterprise으로 승인되면 5~15년간 법인세를 전액 면제해 준다.

세계적인 다국적 기업 본부를 설치하면 최장 5년까지 법인세를 전액 감면해준다. 세계적인 다국적 기업이라면 외국기업이겠지만 자국 기업이 아니라는 법도 없으니 국내기업 역차별은 아니다. 다국적 기업 지역본부에는 최장 5년간 법인세율 15%를 적용한다. 정부가 지원의 최대한도를 제도적으로 정해놓고 그 안에서 자격을 재량적으로 판단하고 조세감면 규모에 대해 협상을 한다. 한국처럼 외국자본과 국내자본을 구분해서 기계적으로 인센티브를 주지 않는다.

## 중국의 FDI 유치 정책

중국은 드물게 국내기업을 역차별하는 외자기업 우대 정책을 폈던 나라다. 개방정책 시행 이후 법인세율을 외자기업에는 15%, 국내기업에는 33%로 적용했다. 하지만 2008년부터 내자기업과 외자기업 구분 없이 25%의 동일세율을 적용하고 있다. 2015년부터는 지방정부가 자체적으로 시행하던 외자기업 우대조치 폐지를 추진했다.

외국자본 이탈에 대한 우려는 있지만 중국정부가 외자 우대 정책을 다시 펴기는 어려워 보인다. 중국자본이 자금세탁을 위해 외국과 홍콩으로 나갔다가 다시 들어오는 규모가 엄청나다는 세간의 의혹이 있기 때문이다.[43] 2010년 이후엔 중국 FDI 절반 이상이 홍콩에서 오는데 이 중 상당 부분이 가짜 외자라는 강한 의심을 받는 상태에서 외자우대 정책을 펴기는 어렵다. 참고로 홍콩은 국내외 기업 가릴 것 없이 규제가 약하고 세금이 아주 낮은 나라다.

43 홍콩은 중국 일부지만 경제통계에서는 별개 국가로 구분된다.

## 유해 조세경쟁에 비판적인 OECD

OECD는 투자유치를 위한 차별적인 조세감면이나 보조금 지급을 불공정한 경쟁 수단으로 간주한다. 세금을 피해서 사람이 나라를 옮기기 어렵지만 자본 이동은 상대적으로 자유로운 게 현실이다. 각국이 세금 깎아 외자 유치하면 이동이 자유로운 자본만 덕을 보고 나머지는 피해를 봐서 형평성에 맞지 않고 제살깎기 경쟁이 된다고 우려한다. 그래서 OECD는 이런 정책을 유해조세경쟁이라고 부르고 규제하려 한다.

하지만 OECD 지침을 어겼다고 해서 실질적인 규제가 가해진 사례는 흔하지 않고, 자유주의적 입장에서 OECD 유해조세경쟁 규제 논리를 비판하는 견해도 있다. 그리고 예외도 있어서 OECD는 R&D 지원, 낙후지역 개발, 환경규정을 위한 기존시설 개선에는 차별적 보조금 지원을 허용하고 있다.

## 국내기업 역차별 때문에 당한 망신

외국인투자에 대해서만 조세감면과 보조금을 제공하는 나라는 찾기 힘들다. 일본은 아베 정부 출범 이후 적극적인 FDI 유치 정책을 펴고 있다. 하지만, 지원규모나 요건이 제한적이어서 일반적으로 일본을 차별적인 외국인투자 우대 제도를 운용하는 나라로 간주하지 않는다. 안종석·정재호·최기호(2014)에 따르면 외국 사례를 조사한 결과 우리나라와 같이 외국인투자에 대해서만 차별적으로 적용되는 조세제도는 없는 것으로 나타났다고 한다. 외국인투자에 대한 조세감면 제도를 연구한 국내 연구결과는 거의 예외 없이 역차별 폐지를 제시한다. 국가안보나 자국 산업 보호를 위해 외국기업 역차별 정책을 펴는 나라는 많아도 자국기업을 역차별하는 나라는 찾기 힘든데 한국은 외자유치를 명분으로 국내기업 역차별 정책을 펴고 있다.

한국의 국내기업 역차별 조세제도는 OECD가 규제하는 유해조세경쟁에 해당한다는 지적이 예전부터 있었다. 2017년 말 EU는 한국을 '조세 분야 비협조적 지역' 17개 지역 명단에 포함해 발표했다.[44] 명단에 오른 지역이 거의 다 조세피난처로 비난을 받는 작은 지역이라 한국이 조세회피처 블랙리스트에 올랐다는 망신을 당한 셈이다. 외신도 EU가 일단 망신을 줘서 태도 변화를 이끌어 내려는 의도로 명단을 발표했다고 보도했다. 기재부 관계자는 "외국인투자 지원제도는 OECD 국가 중 한국과 터키만 운영 중인데 터키는 제도 개선을 약속한 대가로 조세회피처 명단에서 빠졌다"고 밝혔다.

다행히 우리 정부가 제도 개선을 약속해서 한국을 포함한 8개 지역이 나중에 명단에서 빠졌다. 그러나 한국은 문제가 있

44 OECD(2017), The EU list of non-cooperative jurisdictions for tax purposes

지만 개선을 약속했으니 2018년 말까지 지켜보겠다는 그레이리스트Gray List 명단에 들어 있다. 망신을 두 번 당하지 않으려면 문제를 해결해야 한다.

## 외국인투자 세제 지원방식 개선 필요하다

조세회피처는 정당하게 세금을 내야 할 곳에 안 내고 탈세나 절세를 위해 페이퍼컴퍼니를 만들어 돈을 옮기는 지역을 의미한다. 한국 경제자유구역에 그런 목적으로 투자하는 외투기업은 없다고 본다. 아주 작은 섬나라 말고는 아일랜드나 싱가포르가 오히려 조세회피처에 가깝다. 실제로 많은 다국적기업이 아일랜드에 계열사를 만들고 그곳에 로열티 등 명목으로 이익금을 보내 절세를 한다. 구글은 싱가포르에 서버를 둬서 한국에서 버는 돈을 싱가포르 매출로 잡는다. 하지만 아일랜드와 싱가포르는 국내외 자본을 차별하지 않고 투자기업이 실제 그곳에서 활동하니 빠져나갈 명분이 있다.

EU의 조치가 과도해 보이지만, 우리는 진즉 국내기업 역차별 제도를 없앴어야 했다. R&D, 일자리의 양과 질 등 투자의 성격 또는 성과를 고려해서 조세감면 대상 범주를 줄이고 국내기업 역차별은 폐지하는 것이 옳다고 본다. 조세감면은 정부 정책에 좌우되지만, 더 중요한 차별인 입주기업에 대한 산업용지 차별적 공급은 인천경제청이 나서면 없앨 수 있다. 우선 현행법에 따르면 외투기업에겐 조성원가 이하로만 용지공급이 가능하다고 믿는 오해부터 없애야 한다.

2018년 5월 언론보도에 따르면 기획재정부는 외투기업에 대한 세제지원 방식을 '감면'에서 '세액공제'로 전환하는 방안을 검토하고 있다. 기재부 구상은 외투기업이 현재처럼 일정 조건을 충족하면 무조건 세금을 감면하는 게 아니다. 대신 국내기업처럼 설비투자, R&D 투자, 고용창출 투자 등 투자 내용에 따라 사후적으로 세액공제를 받는 방식으로 바꾸겠다는 계획이다. 기재부 계획은 투자성과에 대한 사후적 지원이 적절하다는 필자의 생각과 유사하다. 외국인투자 주무부서인 산업부는 기재부 안에 대해 회의적이지만 정부가 EU에게 한 약속을 지키려면 제도 변화는 불가피하다.

# 6

# SLC 최초 협상부터 **특혜 시비**까지

## 1. 초고층 빌딩을 짓기 위한 잘못된 협상

### 수익성 부지를 크게 늘린 SLC의 최초 개발 구상

2006년 2월 6일 미국 애틀랜타에서 포트만홀딩스는 현대건설, 삼성물산과 컨소시엄을 구성해 6·8공구 전역을 개발키로 하고 인천시와 MOU를 체결했다. SLC가 제안한 사업시행계약서 초안에 대해 그해 5월경 인천경제청이 인천발전연구원 의견을 물어왔다. 원래 개발계획과 SLC 개발계획을 도면부터 비교해 보았다. 먼저 늘어난 땅과 줄어든 해상공원이 눈에 띈다. 기존 계획에 따르면 해상공원은 바다와 연결돼 있다. SLC는 해상공원 남쪽을 매립해 땅을 늘리는 안을 제시했다. 심한 조수간만 차이 때문에 하루에 두 번 갯벌이 드러나 경관에 문제가 있다고 본 것이다. 매립을 해서 땅도 늘리고 경관도 만들겠다는 일거양득의 계산이다. 하지만 바다와 연결을 막으면 수질 유지비용이 든다는 단점이 있다. 그 비용은 인천시 몫이므로 SLC가 신경 쓸 이유는 없었다.

도면에 인천공항고속도로와 제2외곽순환도로 분기점이 보인다. 하지만, SLC는 분기점을 설치하지 않고 제2외곽순환도로를 지하화하거나, 제2외곽순환도로 노선을 6·8공구 밖으로 옮기자고 제안했다. 이 역시 개발 가능한 땅을 늘리기 위한

<그림 6-1> 협상 전 6·8공구 토지 이용 계획도

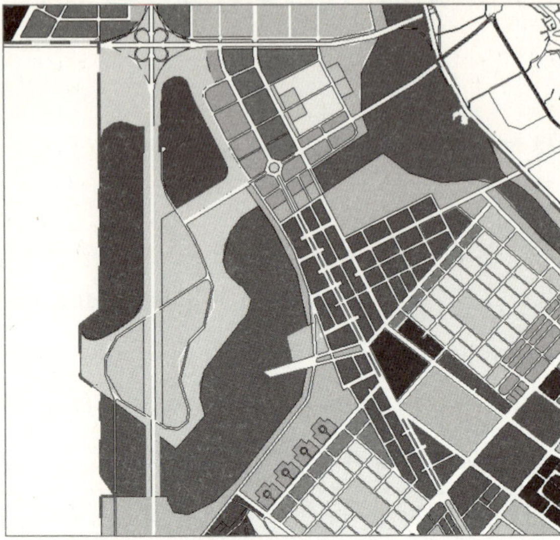

자료: 인천발전연구원

<그림 6-2> 포트만컨소시엄 최초 제안 6·8공구 개발 구상

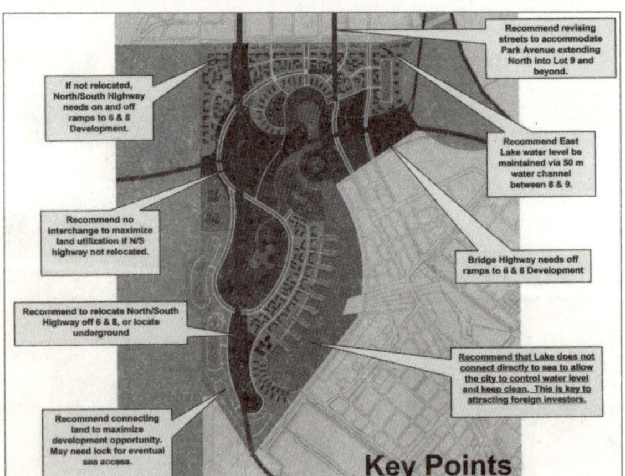


자료: 인천경제청

제안이다.

더 중요한 것은 용도 변경이었다. 6·8공구는 원래 관광·레저용지, 녹지, 체육용지 비중이 크고 주거용지 비중이 아주 작았다. 상업·업무용지는 아예 없었고 대신 물류용지가 있었다. 수정안에서는 공동주택용지가 크게 늘었고 물류용지 대신 상업·업무용지가 들어왔다. 개발사업자가 개발계획을 수립하면 도시의 기능이나 미래보다 자신의 이익을 우선하는 그림을 그려올 가능성이 크다는 점을 실감케 한다. 사실 6·8공구 계획상 개발밀도는 지나치게 낮았다. 그리고 9공구에 충분하게 있는데다 주거 및 업무지역과 어울리지 않는 물류용지가 너무 많았다. 따라서 개발밀도를 높인 SLC 제안이 방향은 옳았다.

인천발전연구원은 제2외곽순환도로와 인천대교가 교차하는 분기점을 설치하고 지하화보다 반지하화를 권했다. 그리고 수변공간이 지나치게 축소된 문제점을 지적하고 골프장보다 공원을 조성하자는 의견을 냈다. 공원을 서쪽에 조성하고 공원과 주택가 경계에 반지하도로를 건설하면 소음 문제와 고속도로로 인한 도시 단절 부작용을 비교적 작은 비용으로 해결할 수 있다고 봤다. 또 다른 문제는 아파트와 주택이 서쪽 해변과 호수 주변을 독차지하고 있어서 거기 살지 않는 주민이나 시민은 수변공간 접근이 어렵다는 점이었다. 친수공간이 사유화되고 축소된 셈이다.

송도 4공구에 있는 잭 니클라우스 골프장에 가 본 인천시민은 그리 많지 않을 것이다. 반면 송도 센트럴파크에 가보지 않은 인천시민은 거의 없다고 본다. 주말에 수많은 사람이 센트럴파크를 찾는다. 아파트 용지가격이 평당 800만 원을 넘는 도심에 골프장을 짓는 것은 이치에 맞지 않는다. SLC도 그걸 알기 때문에 평당 240만 원이라도 골프장 부지를 매입하지 않고 50년 + 50년 최장 100년의 임대를 원했다. 임대료는 공시지가의 1%로 결정됐는데 이 정도면 무상임대에 가깝다.[45] 골프장 대신 아파트를 짓고 싶었겠지만 개발계획상 녹지비율을 적정 수준으로 유지해야 하고 아파트 분양을 위해서 적절한 녹지 경관이 필요하므로 그런 선택을 한 것이다. 다행히 인천경제청은 최근에 6·8공구 골프장 예정지를 공원과 녹지, 문화시설로 조성하는 방안을 검토하고 있다고 한다.

## 사업시행계약서 초안 검토

SLC가 제안한 사업시행계약서 초안이 담고 있는 주요 지침 중 일부를 소개하면 다음과 같다.

1) 인천타워에서 비주거 연면적을 50% 이상 개발
2) 업무용 빌딩 연면적에 대하여 외국인투자기업 50% 유치

45 의견 제출 당시는 계약 체결 전이라 임대기간과 임대료가 미정이었다.

3) 인천시와 SLC가 인천타워 초기 설계비 천만 달러를 65% : 35%로 분담
4) SLC가 기반시설에 대한 개발 및 건설 권한을 갖고 토지 공급가격에서 공제
5) 토지의 매매대금은 조성원가로 하고 그 산정 근거를 SLC에 제시

국내기업으로도 오피스빌딩을 채우기 어려운데 외투기업으로 업무시설 절반을 채우겠다는 2)는 애초에 실현 가능성이 전혀 없었다. 4)는 기반시설 공사를 SLC가 하겠다는 것인데 단순히 시공권을 얻는 데 그치지 않고 공사비를 부풀릴 가능성이 크므로 인천시가 수용하지 않았다.

인천발전연구원은 나중에 연동개발로 인한 갈등 발생을 우려해 다음과 같은 의견을 냈다.

1) 인천시가 합작회사에 참여하고 상근이사를 파견해서 경영 정보를 얻자.
2) 사업성 있는 사업에 주력하고 다른 사업을 지연시킬 때를 대비한 실효성이 있는 안전장치가 필요하다.
3) 업무시설 개발을 담보하기 위해 주택사업 분양수입 일부를 공동계좌에서 관리하는 방안이 바람직하다.
4) 가처분면적 일부를 인천시가 소유하여 위험과 이익을 공유하자.
5) 타당성 조사를 하고 결과를 반영해 토지매매대금과 개발규모를 결정할 수 있도록 하는 내용을 사업시행계약서에 담자.
6) 주요 지침이 시장 상황에 따라 변동할 수 있도록 되어있고, 그러한 판단을 어디서 할 것인지 명확하게 제시되어 있지 않아서 향후 분쟁 소지가 있다.

## 2006년 여름의 협상

6월에 인천시 고위관계자, SLC 임원, 양측 실무진이 참여하는 협상이 인천시에서 진행됐다. SLC 측은 인천타워 건설비가 3조7천억 원이고 타워 내 주거시설 분양수입은 2조 원인데 차액 1조7천억 원은 비주거시설 운영수입으로 해결이 안 된다고 불평했다. 토지매입에 대해서는 조성원가 공급을 희망했다. 안상수 시장은 타워 조성비용이 듣던 것보다 두 배로 늘었다고 놀라며 조성원가 공급 안에 대해서는 처음 듣는다고 했다. 하지만 가능한 한 낮은 가격으로 토지를 공급하고 개발이익 일정 부분을 환수하겠다는 방침을 밝혔다.

필자는 버즈 두바이(현 버즈 칼리파) 공사비를 예로 들어 타워 공사비가 너무 많이 든다고 지적했다.[46] 그리고 사업 완료 후에 개발이익을 산정하고 나누기 어려우니까 미리 시뮬레이션을 한 후 SLC가 일정 수익률을 달성할 수 있을 만큼 부지를 주고 나머지 부지는 반씩 나누자고 제안했다. 처음부터 개발이익을 나누고 시작하자는 취지였다. 사업 완료 후 개발이익 환수와 관련한 분란 소지도 줄이고 사업이 잘 될수록 양측 개발이익이 늘어난다. 위험과 이익을 공유하는 방식이지만, 최악의 상황에도 인천시는 잔여 보유 토지를 이용해 일정 수준

46 2010년 완공 당시 사업비가 12억 달러로 알려졌는데 발주처에서는 15억 달러가 들었다고 밝혔다. 2006년 인천시와 SLC 협상 당시 예상 공사비는 9.5억 달러였다.

개발이익은 확보할 수 있다. 그러나 사후에 개발이익을 정산하기로 하면 한 푼도 못 건질 수도 있다고 봤다. 하지만 개발사업 완료 후에 수익률 15% 초과 이익에 대해 반분하는 것으로 결론이 났다.

조성원가에 토지를 공급하기로 합의했지만, 안 시장은 대신 인천타워 조기 착공을 강조했다. 당시 6·8공구는 아직 매립공사도 시작하지 않은 상태였지만, 인천경제청도 1공구에 연접한 곳에 5만 평을 조기 매립해 인천타워 부지를 만드는 안을 검토했다. 타워부지는 곧 완성되지만 나머지 땅은 갯벌이니 SLC가 아파트 먼저 지을 수 없었다. SLC는 인천타워를 먼저 짓거나 나머지 땅이 조성돼서 아파트를 지을 수 있게 될 때까지 시간을 끄는 수밖에 없었다. 하지만 전체 땅이 조성됐다고 해도 인천타워를 짓지 않는 한 인천시가 먼저 주택사업 승인을 해주기 어렵다. 주택사업 속도가 더 빨라 연동개발에 차질이 생긴 송도국제업무단지와 다른 점이다.

인천경제청은 포트만컨소시엄과 2006년 7월에 사업시행 기본협약을 맺었다. 컨소시엄이 출자한 SLC와 2007년 8월 개발협약을 체결하고 151층 인천타워 건립을 조건으로 6·8공구 독점개발권을 줬다. 토지 공급가격은 조성원가를 원칙으로 하되 평당 약 240만 원의 상한을 설정했다.

## SLC 계약에 관한 감사원의 지적

토지 공급가격 외에 감사원(2009)이 계약에 대해 지적한 사항을 살펴보자. 우선 골프장 임대 기간이 끝난 후 처리 방안에 대한 합의가 없다. 사실 최장 100년간 임대권을 줬으니 현 당사자들이 저세상에 가 있을 100년 후 일에 대해서는 고민할 필요가 없다고 생각했는지 모르겠다. 내부수익률 15% 초과 이익 5:5 배분에 대해서는 구체적 방법에 대해 최선을 다해 협상하되 합의를 못 해도 채무불이행을 구성하지 않는다고 약정했다. 주고 말고는 SLC 마음이라는 것이다. 사업 진행 중엔 인천경제청이 주택사업 승인을 수단으로 삼아 어느 정도 사업자를 통제할 수 있지만 개발이익을 나누기로 한 사업 완료 시점에는 아무런 방법이 없다.

## 의무 아닌 의무인 151층 인천타워

계약 체결 이후에 부임한 이종철 인천경제청장에 따르면, 151층 타워는 2013년까지 완공하기로 되어있지만 최선을 다할 뿐 경제상황이나 SLC 재무상황에 따라 안 지을 수도 있도록 계약이 맺어졌다고 한다. 이 청장은 "원님 마음대로 151층"이라고 표현했다. SLC 사업은 연동개발 단점을 두루 가진 사업이었다. 개발이익 환수를 강제할 수 없어 수조 원의 자산을 인천시가 날려버릴 수 있는 게 가장 큰 문제였다. 다만 인천타워를 짓기 전에 돈 되는 사업부터 할 수는 없다는 안전장치가 있었다. 계약에 의해서가 아니라 인천시가 주택사업 착공계 수리를 거부할 권한을 갖고 있기 때문이다. 하지만 SLC가 장기간 사업을 미룬 후에 주택사업 수익을 재투자해야 인천타워 공사가 가능하다고 인천시를 설득하려 들고 인천시가 동의하면 그 역시 모를 일이었다. 다행히 그런 일은 벌어지지 않았다.

## 기공식 후 진전이 없는 사업

2008년 6월 이명박 대통령이 참석한 가운데 인천타워 기공식이 열렸다. 〈그림 6-3〉 기공식 사진을 보면 이 대통령 왼쪽에 외국인이 있는데, 이 사람이 포트만홀딩스의 존 포트만 John C. Portman Jr. 회장이다. 포트만 회장은 세계적인 명성을 지닌 건축가인데 개발사업자를 겸해 많은 실적을 남겼다. 고령이어서 인천시와 SLC 협상에 직접 나서지는 않는 것으로 보였고, 2006년 6월 협상 당시 인천을 방문하지도 않았다. 포트만 회장은 2017년 말 93세에 세상을 떠났는데, 사망 직후 뉴욕타임스가 그의 일대기를 기리는 장문의 기사를 냈다. 인천타워

<그림 6-3> 인천타워 기공식

자료: 인천경제청

기공식 후 얼마 안 가 글로벌 금융위기가 발생해 부동산경기가 침체하기 시작했다. SLC는 테스트파일 공사를 하는 등 시늉은 했지만 실질적인 공사는 하지 않았다. 어느 정도 글로벌 금융위기에서 벗어난 2010년에도 사업이 진행될 기미는 보이지 않았고 인천시는 대안을 모색하지 않을 수 없었다.

### 변경된 6·8공구 개발계획 검토

〈그림 6-4〉는 인천시와 SLC가 최종적으로 합의하고 경제자유구역위원회로부터 개발계획 변경 승인을 받은 6·8공구 토

<그림 6-4> 6·8공구 토지 이용 계획

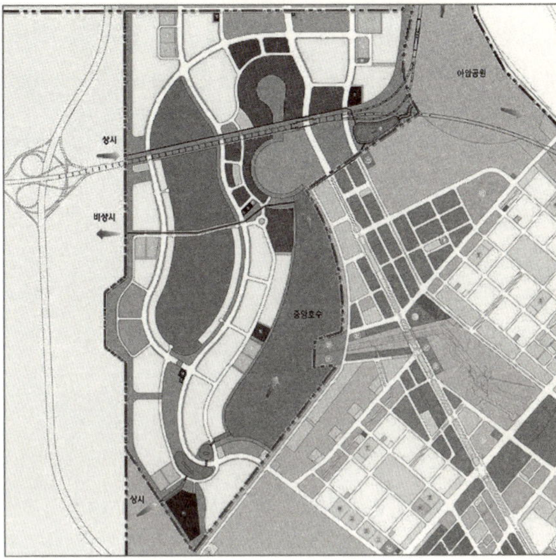


자료: 인천경제청

지이용계획 도면이다. SLC가 처음 제안한 개발 구상과 비교하면 차이가 있다. 남쪽에 있던 단독주택 부지는 모두 공동주택 용지로 바뀌었다. 한국 법규를 잘 몰라 간과했던 학교용지가 곳곳에 있다. 제2외곽순환고속도로 노선도 바다로 옮겼다. 송도는 바다를 매립한 곳이지만 탁 트인 바다를 보기 어렵다. 9공구와 10공구에서는 항만 때문에 시민들이 바다에 접근하기 어렵고 11공구 남쪽에서는 시화호 방조제 앞에 수심이 얕고 좁은 바다만 볼 수 있다. 탁 트인 곳은 6·8공구 서쪽이 유일하다. 멀리 지나가는 부산 광안대교와 달리 가까운 거리에서 고속도로가 지나가면 소음과 경관상 좋을 것 같지 않다. 그렇지만 주관적인 느낌일 뿐이어서 단정적으로 말하기 어렵다. 그래도 해상으로 옮긴 고속도로 때문에 인천대교 조망이 방해를 받는 점은 확실히 문제다. 면적이 넓지 않지만 서측 해안에 녹지를 배치한 것은 개선된 점이다.

## 2. SLC 재협상은 성공한 협상이다

### 송 시장 취임 후 재협상 움직임

기공식을 하고도 인천타워가 올라갈 기미가 전혀 없는 상태가 계속되자 우려하는 시선이 늘어갔다. 개발이익 환수도 못 하고 인천타워 때문에 수조 원의 시민재산을 날리는 것 아니냐는 의견도 대두됐다. 2010년 시장 선거에서 송영길 후보는 SLC와 재협상을 해서 환수할 돈을 염두에 두고 원도심 재생에 3조 원을 투자하겠다는 공약을 내걸었다. 명시적으로 재협상을 공언하진 않았다. 송 시장 취임 후 SLC와 재협상 움직임이 시작됐다. SLC측 주장에 따르면 층수를 낮추자는 계획 변경은 인천시가 먼저 제안했다고 한다. 2010년 8월 SLC는 인천타워 층수를 102층으로 낮추는 사업조정안을 제시했다. 인천시 고위관계자들이 2013년 시의회에서 한 답변을 보면 인천타워 건물 높이를 102층 정도로 줄이고 토지 일부를 돌려받자는 게 인천시 생각이었다고 한다.

## 2015년 1월 재협상, 10.3만평 주고 59만평 찾아오다

인천시가 SLC와 재협상을 하는 와중에 재정위기 극복이 더 시급하고 심각한 문제가 됐다. 인천시는 위기를 넘기기 위해 2012년에 인천경제청으로부터 싸게 6·8공구 토지 일부를 사서 토지리턴부[47]로 교보증권 컨소시엄에 팔았다. 재협상 합의 전에 계약상 SLC에 팔기로 된 땅을 다른 기업에 팔았으니 어떤 식으로든 계약변경은 불가피해진 셈이다.

유정복 시장 취임 후 반년가량 지난 2015년 1월 드디어 인천시와 SLC는 SLC 개발 면적을 69만 평에서 10만2,800평으로 줄이고, 나머지 토지를 환수하는 데 합의했다. 대신 인천경제청은 SLC가 이미 투자한 금액을 고려해 10만2,800평을 평당 300만 원에 SLC에 공급하기로 했다. 그리고 이 땅 개발이익에서 내부수익률 12% 초과분은 반씩 나누기로 했다. 이 합의는 유 시장 취임 후 이루어졌지만, 합의안 기본적인 틀은 송 시장

47 매입자가 매입토지를 특정시기에 미리 정한 금액으로 매도자에게 되팔 수 있도록 부여된 권리. 매도자는 프리미엄을 받을 수 있고 매입자는 가격하락 위험을 피할 수 있다.

때 잡혀 있었다. 두 시장의 공동작품이다.

### 재협상 당시 6·8공구의 땅값은 얼마였는가

그런데 2017년 여름부터 정대유 인천경제청 전 차장이 특혜 의혹을 들고 나왔다. 정 차장은 시세가 평당 1,200만 원인 토지를 SLC에 평당 300만 원에 판 것은 배임에 해당한다며 전현 시장과 관계자들이 잘못을 저질렀다고 주장했다. 과연 거액의 배임 혐의가 근거가 있는지 살펴보자.

먼저 토지의 적정 가격을 어느 수준으로 봐야 하는지 보자. 정 차장이 주장하는 평당 1,200만 원인가, 아니면 인천시가 주장하는 평당 595만 원인가?[48]

사실 어느 지역이나 마찬가지지만 송도 안에서도 위치, 용도, 용적률, 시기에 따라 땅값이 다르다. 2016년에 평당 1,595만 원에 팔린 국제업무단지의 주상복합용지도 있고, 층수가 5층 이하로 묶여 평당 580만 원에도 안 팔린 8공구 공동주택용지도 있다. 인천도시공사는 5공구 공동주택용지인 RC-4부지 매각에 실패하다 2013년에 평당 809만 원에 팔았다. 하지만 선납할인을 적용해서 실제 들어온 돈은 평당 652만 원에 불과

48 인천시 해명에 따르면 2015년 1월 공동주택 공급단가가 약 703만 원/평(5·7공구)이며, 6·8공구 예상 감정가는 약 595만 원(5·7공구 85% 적용)으로 추정했다고 한다.

<표 6-1> 2014년 송도지구 토지 가격

| 토지이용 | 평당 가격(만원) | 용적률(%) | 비고 |
|---|---|---|---|
| 주거용지(APT) | 750 | 200 | 감정가 |
| 일반상업용지(주상복합) | 950~ 1050 | 450~550 | 감정가 |
| 근린생활시설용지 | 800~ 900 | 350 | 감정가 |
| 공업/학교/공공시설용지 | 213 | - | 용적률 무관 |

자료: 인천경제청

했다. 2014년에 5공구 공동주택용지 RC1은 평당 703만 원에 팔렸다.

2014년 초에 송도 땅 매매가격을 전화로 문의하자 인천경제청 실무자가 감정가를 알려줬다(〈표 6-1〉). 감정가와 시세가 비슷하다고 했다. 송도 중심지인 국제업무지역(1·3공구와 2·4공구 일부) 땅값은 5·7공구보다 높다. 2014년 5공구 공동주택용지 RC1이 팔린 가격 평당 703만 원을 고려하면 평당 700~800만 원을 당시 공동주택용지 시세로 보는 것이 타당하다. 허허벌판이었던 6·8공구 시세는 1·3공구보다 낮을 것이므로 그때 기준으로 평당 700~750만 원으로 보면 된다. SLC 재협상 최종안 협의가 실질적으로는 2014년에 진행됐으니 SLC에 팔기로 한 땅 10만2,800 평 가격도 이 수준으로 보는 게 합리적이다.

2012년에 8공구 땅을 평당 811만 원에 팔기도 했지만 진성매각true sale[49]이 아닌 토지리턴부 매각이어서 실질적으로

49 위험과 보상이 양수인에서 양도인으로 완전히 넘어가는 매각.

는 담보 대출에 가까웠다. 즉, 땅값이 안 오르면 매수자가 원리금 받고 돌려주면 그만인 계약이었다. 따라서 전후 사정을 살펴보면 SLC가 평당 1,200만 원의 땅을 가져갔다는 주장은 과장에 지나지 않는다.

## 최근 6·8공구의 땅값은 얼마인가

인천시가 2016년 이후 매각한 8공구 토지 낙찰가격을 정리해보았다(〈표 6-2〉). 약 15만 평의 토지에서 1조6천억 원의 매각 수입을 얻었다. 층고 제한(5층)으로 용적률이 공동주택치고는 아주 낮아 유찰된 A5와 A6를 제외한 공동주택용지 평당 가격은 평균 901만 원이다. 토지리턴부로 판 토지 중 반환되지 않아 2015년에 진성매각이 된 A3용지는 제외했다. 주상복합용지는 가격이 아주 높아서 평당 평균 1,463만 원에 달한다.

별로 인기 없는 상업·업무용지는 평당 1,000~1,200만 원 정도로 볼 수 있다. 오피스텔을 지을 수 있으면 비싸고 그렇지 않으면 인기가 없다. 평당 580만 원에도 안 팔리는 공동주택용지가 있으니 평균적인 공동주택용지 단가는 평당 800만 원대가 될 것 같다. 용도별 면적과 용적률을 다 확인해 봐야 전체 매각용지의 평균가격을 추정해 볼 수 있다. 그렇지만 편의상 평당 1,000만 원을 최근 평균가격이라고 봐도 무리는 없을

<표 6-2> 2016년 이후 8공구 토지 매도 가격

| 연도 | 블록 | 용도 | 면적(평) | 매각대금(억원) | 만원/평 | 비고 |
|---|---|---|---|---|---|---|
| 2016 | A1 | 공동주택 | 54,666 | 4,620 | 845 | |
| | A2 | 공동주택 | 22,392 | 2,017 | 901 | |
| | A4 | 공동주택 | 31,769 | 3,164 | 996 | |
| 소계·평균 | | | 108,827 | 9,801 | 901 | |
| | | | | | | |
| 2016 | M1 | 주상복합 | 23,990 | 3,413 | 1,423 | |
| | M2-1 | 주상복합 | 10,922 | 1,622 | 1,485 | |
| | M2-2 | 주상복합 | 9,078 | 1,400 | 1,542 | |
| 소계·평균 | | | 43,990 | 6,435 | 1463 | |
| | | | | | | |
| 합계·평균 | | | 152,817 | 16,236 | 1,062 | |

자료: 다수의 지역언론 보도 재정리

듯하다.

요약하면 2015년 1월 재합의 당시 SLC에게 팔기로 한 땅값 시세는 평당 700만 원, 환수하는 땅의 매각 예상 단가는 평당 1,000만 원 정도가 적정하다. 환수토지 가격이 더 높은 이유는 1) 재협상 이후 부동산 경기가 좋아져 땅값이 올랐고, 2) 환수토지에는 시세가 높은 주상복합용지가 포함되어 있으며, 3) SLC 매각토지의 용적률이 188%로, 8공구의 A2, A3, A4 부지 용적률 235%보다 낮기 때문이다.

## 재협상으로 얻은 것이 잃은 것보다 훨씬 크다

이제 재협상으로 인한 득실을 비교해 보자. 시점이 다르지만 편의상 SLC 매각토지와 환수토지의 가격을 평당 1,000만 원으로 통일했다. 이렇게 하면 SLC 매각토지로 인한 손실이 실제보다 커지지만, 단순화와 보수적 추정을 위해 땅값이 동일하다고 가정했다. 금융비용, 할인율 등은 무시하고 단순하게 계산했다. 재협상을 통해 환수한 토지의 이익을 들여다보자. 우선 시나리오 1을 검토했다. 환수 토지 58만7천 평을 평당 1,000만 원에 팔면 5조8,700억 원의 수입이 생기지만 평당 299만 원의 조성원가로 인한 1조7,551억 원의 토지 조성비용

<표 6-3> SLC 재협상으로 인한 득실 비교

| | 시나리오 1 | | 시나리오 2 | | 시나리오 3 | |
|---|---|---|---|---|---|---|
| | 원단위 (만원) | 만평, 억원 | 원단위 (만원) | 만평, 억원 | 원단위 (만원) | 만평, 억원 |
| **재협상 수입** | | | | | | |
| 환수 면적 | | 58.7 | | 58.7 | | 58.7 |
| 매각 예상금액 (a) | **1,000** | 58,700 | **1,200** | 70,440 | **2,000** | 117,400 |
| 조성원가 총액 (b) | 299 | 17,551 | 299 | 17,551 | 299 | 17,551 |
| 환수(예상)이익 (a-b=c) | | **41,149** | | 52,889 | | 99,849 |
| **재협상 비용** | | | | | | |
| SLC 면적(미환수 면적) | | 10.3 | | 10.3 | | 10.3 |
| 미환수 토지 가치 (d) | **1,000** | 10,300 | **1,200** | 12,360 | **2,000** | 206,000 |
| SLC 기투자 보상 (e) | | 860 | | 860 | | 860 |
| 실제 매각대금 (f) | 300 | 3,090 | 300 | 3,090 | 300 | 3,090 |
| 매각손실 (d-e-f=g) | | **6,350** | | 8,410 | | 16,650 |
| **재협상 이익 (c-g)** | | **34,799** | | 44,479 | | 83,199 |

을 차감해야 한다. 그 차액 4조1,149억 원이 재협상을 통해 얻은 환수(예상)이익이 된다.

이제 SLC에 시세보다 싸게 판 미환수 토지 10만3천 평의 손실을 보자. 평당 1,000만 원에 팔았다면 수입이 1조300억 원이 됐을 텐데, 평당 300만 원에 팔았으므로 실제 매각 대금은 300만×10만3천 평 = 3,090억 원에 지나지 않는다. 1조300억 원과 3,090억 원의 차이인 7,210억 원이 시세보다 싸게 팔아 발생한 손실이지만, 이 금액에서 SLC의 기투자액 860억 원은 보상해주어야 하므로 추가로 공제해야 한다. 이렇게 되면 6,350억 원이 미환수토지를 싸게 팔아 발생한 손실이 된다.

SLC는 최초 계약 이후 설계, 일부 공사, 회사 운영 등을 위해 이미 860억 원을 투자했다고 하는데 이 돈은 계약을 완벽하게 해지한다고 하더라도 어차피 보상해주어야 한다. 즉, '10만3천 평을 환수해서 비싸게 팔아 얻을 수 있는 돈'에서 '실제 받은 돈'과 'SLC의 기투자금'을 빼야 재협상으로 손해 본 금액이 되는 것이다.

재협상 수입(환수토지 이익) 4조1,149억 원에서 재협상 손실(미환수토지 손실) 6,350억 원을 차감하면 재협상을 통해 얻은 이익은 3조4,799억 원이 된다. 재협상을 하지 않고 원계약대로 가면 어떻게 될까? 추정 조성원가 평당 299만 원에서 계약상 공급가격 평당 240만 원을 빼면 평당 59만 원 손해다. 전체 면적이 69만 평이니, 59만 원×69만 평 = 4,071억 원의 손해만 보게 된다. 물론 인천시 소유가 아닌 151층 인천타워는 구경할 수 있다. 4,071억 원 손해를 3조4,799억 원의 이익으로 바꾼 합의를 어떻게 배임으로 볼 수 있는지 의문이다.

### 토지 시세가 높을수록 재협상 이익은 커진다

매각 시기, 위치, 용적률, 용도 다 무시하고 정대유 차장의 주장대로 평당 1,200만 원짜리 땅을 평당 300만 원에 팔았다고 가정해보자. 〈표6-3〉의 시나리오2가 여기에 해당한다. 이때는 매각 손실이 커지지만, 환수 금액은 더 커져서 인천시에 4조4,479억 원의 이익이 발생한다. 미환수토지보다 환수토지 면적이 훨씬 크기 때문이다.

시세를 과장해서 평당 2,000만 원의 토지 10만3천 평을 평당 300만 원에 팔았다고 가정해보자. 시나리오 3이다. 이때는 헐값(?) 매각 손실이 1조6,650억 원으로 늘지만, 환수 가능 금액은 9조9,849억 원으로 늘어 재협상 이익이 8조3,199억 원으로 폭증한다. SLC 토지 매각 가격을 300만 원으로 고정한 상태에서 추정 땅값을 늘리면 늘릴수록, 즉 헐값 매각이라고 가정하면 할수록 오히려 환수금액도 그 이상 크게 나오니 더 잘한 협상이 된다.

## 도표로 보는 재협상 결과

6·8공구 토지 시세를 평당 1,000만 원으로 가정하고 재협상으로 인한 이해득실을 도표로 간략하게 정리했다. 우선 〈그림 6-4〉에서 헐값에 다 넘겨줄 뻔한 땅 69만 평 중 58만 7천 평을 되찾아와서 벌 수 있는 돈과 싸게 넘겨준 10만3천 평에서 발생한 손실을 비교해 보았다. 두 금액의 차액이 재협상을 통해 인천시가 되찾은 이익이다.

<그림 6-4> 재협상 손익 비교 (시세 1,000만 원/평 가정)

▷ 재협상으로 되찾아온 땅 58.7만평을 팔아서 얻는 이익

| SLC에서 환수한 토지 58.7만 평의 가치 | | 환수한 58.7만 평의 조성원가 | | 환수한 58.7만 평의 이익 |
|---|---|---|---|---|
| 1,000만 원× 58.7만 평 = 5조8,700억 원 | - | 299만 원× 58.7만 평 = 1조7,551억 원 | = | 4조1,149억 원 |

▷ 재협상으로 싸게 판 10.3만평 에서 발생한 손해

| SLC에 판 10.3만 평의 토지가치 | | 10.3만 평 실제 매각대금 | | SLC 기투 자금 보상 | | 10.3만 평 저가매각 손실 |
|---|---|---|---|---|---|---|
| 1,000만 원 × 10.3만 평 = 1조300억 원 | - | 300만 원 × 10.3만 평 = 3,090억 원 | - | 860억 원 | = | 6,350억 원 |

〈그림 6-5〉은 재협상을 하지 않았을 경우 인천시가 입게 되는 손실이다. 두 개의 관점에서 볼 수 있다. 우선 인천경제청

회계상의 손실이다. 평당 299만 원 들여 만든 땅을 평당 240만 원에 팔게 되므로 당연히 투자금액 즉 조성원가 대비 손실이 발생한다. 그러나 69만 평 전부 시세 1,000만 원에 팔았을 경우 잠재적 수입과 평당 240만 원의 원계약상 가격에 파는 경우의 수입을 비교해야 인천시의 실질적인 손실을 알 수 있다. 장부상 손실과 잠재적 이익을 포기하는 대가는 다른 것이다.

<그림 6-5> 재협상을 하지 않았을 경우 발생할 손실 (시세 1,000만 원/평 가정)

▷ 원계약 고수할 경우 회계상 손실 (조성원가 대비 손실)

| 69만 평의 조성원가<br><br>299만 원× 69만 평<br>= 2조631억 원 | - | 계약상<br>매각대금<br><br>240만 원 × 69만 평<br>= 1조6,560억 원 | = | 원안 고수 시<br>회계상 손실<br><br>4,071억 원 |
|---|---|---|---|---|

▷ 원계약 고수할 경우 실질적인 손해 (직접 시세대로 매각했을 경우 대비 손실)

| 전체 토지 69만 평의<br>가치<br><br>1,000만 원 × 69만 평<br>= 6조9,000억 원 | - | 계약상<br>매각대금<br><br>240만 원 × 69만 평<br>= 1조6,560억 원 | = | 원안 고수 시<br>실질적 손실<br><br>5조2,440억 원 |
|---|---|---|---|---|

### 재협상 결과는 특혜가 아니다

특혜라고 비난하는 사람들은 SLC와 깔끔한 계약해지가 가능하다고 가정하고 있다. 하지만 그건 희망사항이지 현실이 아니다. 그러나 잘못 쓴 계약서와 법이 인천시 편이 아니라는 점을 고려해야 한다. 2010년 송영길 시장 당선인 시절 인수위 활동보고서는 "151층 인천타워를 사업자인 포트만과의 계약에서 인천시 의무는 명시했으나 사업자 의무는 회피할 수 있고 자의적으로 비용을 변경할 수 있게 하는 불공정계약을 맺었다"고 지적했다.

인천시가 사실 시세보다 싸게 10만3천 평을 팔았으니 전후 관계를 무시하고 재합의만 놓고 보면 특혜라고 할 수 있다. 그러나 원계약도 특혜고 재합의도 특혜인데 큰 특혜를 없애기 위한 작은 비용으로 준 특혜라고 해야 한다. 인천경제청이 10만3천 평을 시세대로 팔았고 원계약도 재합의도 특혜가 아니라고 주장하면 설득력이 떨어진다. 물론 전체적인 그림을 보면 재합의는 본질적으로 특혜가 아니고 빼앗긴 권리를 되찾아 온 것이다.

### SLC가 손해(?)보고 양보한 이유는?

여기서 의문을 가질 수 있다. SLC는 왜 유리한 계약서를 손에 쥐고도 이렇게 더 불리한 합의에 응했을까? 민간사업자가 손해를 감수하고 재협상을 했을 리가 없다는 짐작이 재협상 특혜론을 뒷받침하는 근거 중 하나다. 원계약에 따른 SLC

의 손익을 따져보자. 사업을 하자면 금융비용도 발생하고 세금도 내야 한다. 더구나 인천타워를 먼저 지어야 하기 때문에 초반에 큰 비용이 발생하고 수익은 후반에 창출된다. 따라서 현재가치로 할인해 보면 수익률이 크게 낮아진다. 큰 그림을 보기 위해 이런 요인은 무시했다.

5만 평이 약간 넘는 인천타워 부지 면적을 제외한 나머지 용지는 평당 평균 850만 원에 매각하는 것으로 가정했다. 2014년 후반기 협상 당시 SLC가 8공구 땅값을 낙관적으로 예측하지는 않았을 것이다. 인천타워 공사비는 3조5천억 원, 손실은 절반인 1조7천억 원으로 가정했다. 공사비와 손실 모두 과장된 수치지만 일단 너그럽게 인정해줬다. 그러면 대략 2조 원 정도 이익이 발생한다. 2010년 인천시의회 행정사무감사에서 이종철 청장은 SLC가 개발이익을 1조 9천억원으로 추정하고 있다고 답변했다. 〈표 6-4〉에서 추정한 액수 2조 원과 거의 유사하다.

<표 6-6> 재합의 전 SLC 수익구조

| 구분 | 원단위 (평당) | 면적(평), 금액(억원) |
|---|---|---|
| 매입 면적 | | 69만 |
| 매입 금액 | 240만 원 | 1조6,560 |
| 타워부지 면적 | | 5만 |
| 매각 가능 면적 | | 64만 |
| 매각 금액 | 850만 원 | 5조4,400 |
| 151층 인천타워 손실 | | 1조7,000 |
| 개발이익 | | 2조0,840 |

SLC는 유리한 계약서를 들고 있으니 참고 기다리면 될 텐데 왜 큰 잠재적 개발이익을 포기하고 겨우(?) 수천억 원의 이익에 만족했을까? 인천시와 SLC 재협상이 본격적으로 시작되기 전에 SLC 관계자와 친분이 있는 사람을 통해서 SLC 생각을 확인할 기회가 있었다. 인천시나 인천발전연구원 관계자가 물어보면 솔직하게 답변해 줄 리가 없으니 대리 질문을 부탁했다. 질의응답을 여기에 옮긴다.

**Q 151층 타워(인천타워) 손실을 어느 정도로 예상하는가?**
A 건축비 2.4조 원, 손실 1.2조 원으로 예측

**Q 151층 타워를 포함해서 전체 사업 개발이익은 어느 정도로 추정하는가?**
A 정확한 액수를 밝힐 수 없지만, 전체적으로는 수익성 있다고 판단

**Q 151층 타워 PF 추진 현황이나 전망은?**
A 사업 규모가 크고 손실이 예상되기 때문에 시공사가 보증을 서기 어렵고 따라서 PF도 되지 않음

**Q 6·8공구 전체사업 PF 전망은?**
A 전체 사업을 대상으로 PF 또는 신디케이트론을 추진했으나 수익성에도 불구하고 사업 규모가 너무 크고 사업 기간이 장기라 재원조달이 어려움

**Q 향후 추진 방향은?**
A 아파트 조성 계획도 중단된 상태이고 현재 결정된 것은 아무것도 없으며 관망 중임

**Q 인천시에서 계약해지나 계약수정 제안을 해온 적은 있는가?**

**A** 인천시에서 계약해지나 수정제안을 해온 적은 없고 컨소시엄에서도 수정제안을 한 바 없음. 계약 해지를 인천시가 요구할 경우 법적 대응을 할 가능성이 높음

**Q 인천타워 규모를 줄일 계획이 있는가?**

**A** 인천타워 규모를 줄이고 사업을 추진하고 싶은 의사가 있음

인천타워 공사비와 손실이 과장됐고 전체적으로 사업성이 있다는 짐작이 맞았다. 그런데 재원조달이 안 되는 이유를 알게 됐다. 선도사업이므로 인천타워 사업을 먼저 해야 하는데 손실규모가 커서 재원조달이 안 된다. 이럴 때는 모기업이 보증을 해야 하는데 보증을 서기에 너무 부담스러운 금액이다. 전체 사업은 흑자이므로 인천타워 외 흑자사업까지 묶어서 재원조달을 하려고 하면 사업기간이 너무 길고 사업 규모가 너무 크다. 딱한 처지가 아닐 수 없다.

재협상에 대해 비유를 하자면 SLC가 큰 떡을 받았는데 너무 커서 한꺼번에 삼킬 수 없는 상황이었다. 결국 당장 먹을 수 있는 떡 일부만 갖고 나머지는 돌려준 셈이다. 왜 SLC가 양보를 했는지 이해가 간다. 사업자에게 준 작은 떡 조각만 쳐다보고 인천시가 돌려받은 훨씬 큰 떡은 쳐다보지 않으면 특혜론에 빠질 수밖에 없다.

# 7

# 용유·무의 개발의 혼선

## 1. 아키에스㈜와 CWKA의 좌절

### 용유·무의 관광단지의 개발 계획의 시작

용유·무의도는 인천공항 개항 이전에는 널리 알려진 곳이 아니었다. 하지만 서울과 가깝고 풍광이 좋아서 1988년에 노태우 대통령이 관광단지 개발을 지시한 적이 있다. 노 대통령은 여단장 시절 용유도에서 요양한 적이 있어 용유도를 잘 알고 있었다고 한다. 인천시는 관광단지 개발을 추진하면서 토지보상 대금을 시 재원으로 마련하기 어려워 민간투자자를 물색했다.

한편으로, 한국관광연구원에 용역을 줘 개발계획을 수립했다. 용역보고서는 용유·무의도 일대 210만 평을 2012년까지 3조400억 원을 투입해 개발하는 안을 내놓았다. 사업이 완료되는 2012년에는 연간 1,605만 명의 관광객이 온다고 전망했다. 국내 방문객은 744만 명, 외국 관광객은 861만 명으로 추정했다. 우리나라 전체 외국인 입국자 수는 2012년에 1,114만 명으로 처음으로 1천만 명을 돌파했고, 그해 제주도 관광객 수가 969만 명, 그중 외국인은 168만 명이었다. 우리나라는 편의상 모든 외국인 입국자를 관광객으로 집계한다. 그중 대략 70% 정도가 인천공항을 이용한다. 2012년에 인천공항 입국자 모두 용유·무의를 관광지로 찾았다고 해도 한국관광연구원의 전망치에 못 미쳤을 것이다. 용유·무의 관광단지 계획의 낙관적 전망은 이후 개발사업자들도 답습했다.

### 해상호텔에 도전하다 실패한 아키에스㈜

많은 국내외 업체들이 개발에 참여하겠다고 투자의사를 밝혔는데 외국투자회사를 자처하는 경우가 흔했다. 하지만 대부분 인천시와 양해각서조차 맺지 못했다. 아키에스㈜와 CWKA라는 두 회사만 인천시와 협약을 체결했다. 1998년 아키에스㈜가 용유도 을왕리 앞바다 일부를 매립하고 4억 달러를 투자해 해상호텔을 짓겠다고 나섰다. 호텔 이름은 탈라소폴리스씨Thalassopolis Sea였다. Thalasso는 그리스어로 바다를 뜻한다.

아키에스㈜ 회장은 김 떼오Kim Theo라는 프랑스 국적 교포인데 유럽에서 활동한 건축사 및 도시계획가로 알려졌다. 1999년 1월 김 회장은 해외 투자금 3억6,000만 달러가 송금됐다고 밝혔다. 그런데 필자가 나중에 확인해 보니 BNP파리바은행을 통해 FDI를 도입하겠다고 신고했지 도착한 게 아니었다. 신고 FDI는 계획에 불과해서 당연히 도착 FDI와 다르고, 이행하지 않아도 법적으로 문제 되지 않는다. 그가 거액의 외자

송금을 확인한 그 시점까지 실제 도착 FDI는 4만3,000달러에 불과했다. 아키에스㈜는 돈이 들어왔으니 곧 착공해 2002년까지 완공하겠다고 했다. 하지만, 송금됐다는 돈의 실체가 없으므로 호텔 착공은 미뤄졌다. 2000년과 2001년에도 각각 3억6,000만 달러 FDI를 신고했지만 이행하지 못했다.

아키에스㈜는 2002년 3월 투자 규모를 3억5천만 달러로 줄여 곧 착공한다고 다시 발표했다. 진척이 없는 상태로 다시 시간이 흐르다 2007년 그동안 밀린 공유수면 점용료 20여억 원을 내고 착공계를 냈다. 하지만 착공 후 갯벌에 쇠말뚝 형태의 앵커만 박은 다음 공사가 진행되지 않았다. 결국 인천경제청이 2011년에 사업승인 취소를 통보했다. 썰물 때면 쇠말뚝 수십 개가 드러나 민원의 대상이 됐는데 인천 중구청이

<그림 7-1> 을왕리 해상호텔 조감도

자료: 인천뉴스 2005.7.25. (원 출처: 중구청)

2018년 10월에 제거했다.

### CWKA의 등장

아키에스㈜가 처음 등장했을 때와 같은 시기인 1998년 미국의 CWKA도 사업 추진에 나섰다. 호텔 하나를 짓는 아키에스와 달리, CWKA는 용유·무의 해변을 거의 모두 개발하는 안을 들고 나왔다. CWKA는 Chul Wook Kim Associates의 약자로 대표 김철욱 씨 이름을 그대로 가져온 명칭이다. 김철욱 씨는 재미교포 사업가인데 할리우드나 라스베가스에서 엔터테인먼트 사업과 테마마크 개발을 전문으로 한다고 알려졌다. 하지만 진위는 확인되지 않았다.

CWKA는 1999년 5월 서울 유명호텔에서 사업설명회를 열고 2013년까지 213만 평 규모의 용유·무의 관광단지에 52억 달러를 투자하겠다고 공언했다. 당시 사업설명회에는 최기선 시장뿐만 아니라 문광부 장관, 주한 미국대사, 외신기자단까지 참여했다. 관광단지 개발구상 디자인을 맡은 랜드마크 엔터테인먼트 그룹Landmark Entertainment Group 회장도 참석해 설명을 도왔다. 이 회사는 유니버설스튜디오와 시저스 팰리스 등 유명 테마파크와 호텔 내 엔터테인먼트 시설을 디자인한 회사다.

## CWKA와 민간투자지원센터의 협상

이 사업은 애초 관광사업법으로 추진하려 했으나 2000년 말에 민간투자법 적용 대상으로 변경됐다. CWKA는 2001년 7월에 우선협상대상자로 선정됐다. 같은 해 10월 협상에 돌입했는데, 민간투자법에 따라 국토연구원 민간투자지원센터(이하 PICKO)가 인천시를 대신해 협상을 맡았다. 민간투자법은 사회기반시설을 주요 대상으로 삼는다. 따라서 협상은 전체 사업이 아니라 토지보상과 기반시설 조성을 위한 사업계획(사업비: 10억 달러)에 국한됐다.

기획예산처가 자기자본 2억 달러 중 80%는 외국인 투자자로부터 유치하고 각 사업단계에서 사업비 10%를 사업이행 보증금으로 내라고 요구했다. 때문에 CWKA는 신빙성 있는 재원조달 계획을 제출해야 했다. 김철욱 씨는 힘에 버거웠는지 국내 투자자들을 끌어들여 권리를 넘기고 본인은 주주 중 한 명으로 남았다. 새로 만들어진 회사 이름이 ㈜오시아나 엔터테인먼트 그룹이다.

㈜오시아나는 다시 중견 건설회사인 울트라건설(구 유원건설)을 끌어들이는 데 성공했고, 2002년 5월 최종적인 재원조달 계획을 제출했다. PICKO는 마지막 4차 금융자문회의를 열고 재원조달 계획을 검토한 후 결론을 내리지 않았다. 대신 인천시에 협상 결과를 통보하면서 결론을 미뤘다. 미심쩍지만

기회를 한 번 더 줄지 인천시가 알아서 하라는 취지였다. 사실 PICKO 검토 의견을 보면 부정적이었는데 최종 결정에 대한 책임을 지지 않으려는 태도로 보였다.

### 가짜 재원 조달 서류를 제출한 CWKA

2002년 10월 인천시는 PICKO가 통보한 결과를 인천발전연구원에 전달하고 추가 검토를 요구했다. ㈜오시아나가 최종 재원조달 계획 제출 이전에 허위 문서를 두 건 제출한 적이 있다. 이 전력 때문에 필자는 재원조달 계획의 실현 가능성뿐만 아니라 제출 서류의 진위를 확인하려 했다.

재원조달 계획에서 가장 큰 비중을 차지하는 투자자는 유에스뱅코프US Bancorp(이하 USB)였는데 USB는 미국 은행 중 당시 8위, 현재 7위를 차지하는 큰 은행이다. USB는 프루덴셜커머셜리싱Prudential Commercial Leasing(이하 PCL)이라는 회사와 양해각서를 맺었다. 그리고 두 회사가 공동으로 1억4천만 달러의 자기자본출자와 8억 달러의 타인자본 조달 의사를 밝히는 투자의향서를 울트라건설에 제출했다. 이 서류를 ㈜오시아나가 인천시와 PICKO에 제출한 것이다.

데이비드 휠러 USB 국제금융 매니저와 코지 미나모토 PCL 사장이 투자의향서 서명 당사자였다. 이상하게 서류에 USB

<그림 7-2> CWKA가 제출한 서류의 위조 서명

Lender:

Company: US Bancorp.

By: David Wheeler

Its: Manager, Global Finance Department

Lender:

Company: Prudential Commercial Leasing, Inc.

By: Koji Minamoto

Its: President

전화번호가 없어 힘들게 전화번호를 알아내 전화 연락을 취했다. 그런데 투자의향서 상의 회사는 USB 지점이나 계열사가 아니고 USB의 리스[lease] 금융을 하는 1인 사무소였다. 스탠리 크루카우스키라는 USB 직원이 전화 받아주는 여직원 1명만 데리고 있는데 그 직원은 USB 직원이 아니고 자신이 필요해서 고용한 사람이라고 했다.

크루카우스키는 예전에 PCL의 제이 김(FH/GPC의 제이 김과 동명이인)이라는 사람을 만난 적 있는데 그가 두어 달 전에 한국 영종도 관광사업에 백만 달러 정도 투자하라는 제안을 했지만 그럴 돈도 없고 자기 분야도 아니라며 거절했다고 했다. 며칠 후 크루카우스키가 본사에 확인했더니 USB에는 데이비드 휠러 국제금융부 매니저라는 사람은 없다고 알려왔다. USB 본사 국제업무 담당자도 용유·무의 관광단지는 들어본

적도 없다며 같은 대답을 해줬다. 유령인물이 거액의 투자의향서에 서명한 것이다. USB는 이후 ㈜오시아나에 명의 도용을 경고하는 서한을 보냈다. 필자가 PCL에 전화를 했더니 직원이 사장은 제이 김이며 미나모토는 자기 회사 대표가 아니고 어쩌다 들르는 중개인 중 한 명이라고 응답했다.

USB만큼 비중이 크지 않았지만 다른 투자자에게도 확인을 해봤다. 퀘일캄 캐피털Quailcom Capital Corp이라는 회사였는데 주소가 가짜였고 전화를 거니 엉뚱하게 PCL 직원이 전화를 받았다. 그 직원은 자기 사장 즉 제이 김이 무슨 일을 꾸미고 있는지 모르고 있었다. 친절하게 퀘일캄 캐피털 사장의 연락처를 알려줘서 연락하자 투자의향서를 낸 적이 없다고 했다. 회사 이름도 퀘일캄 캐피털이 아니라 퀘일 캐피털Quail Capital Corp이었다. 명의도용 책임을 회피하려고 이름을 살짝 바꾼 것이다. 유명 브랜드 이름을 비슷하게 쓴 짝퉁 제품과 다를 바 없다. 투자의향서를 낸 또 다른 회사 주소도 가짜였다. 역시 투자의향서든 양해각서든 제출한 적이 없다고 했다. 다만 두 회사 모두 제이 김이 투자 제안을 한 사실은 확인해 주었다.

### 적반하장의 소송 제기

㈜오시아나는 "(인천시 최종 결정을 앞둔 2002년) 지난 9월 중

US Bancorp사의 실사 담당자들이 입국하여 울트라건설에 대한 구체적이면서도 총체적인 실사를 했다"고 주장했다. 거짓말이다. 주주 전원은 아닐지라도 CWKA와 ㈜오시아나 핵심 인사는 위조서류 제출을 알고 있었다고 봐야 한다. 인천시가 우선협상대상자 지위를 취소하자 ㈜오시아나는 인천시를 대상으로 행정소송을 제기했지만 패소하고 말았다. 가짜 서류를 들이밀고 질 것을 알면서 왜 소송을 걸었을까? 대기업이 아닌 에이전트 정도 자격을 갖추고 최초로 개발사업을 주도한 사람들은 자금이 부족하기 때문에 투자자들을 끌어들인다. 어쩌면 사업 성공보다는 이를 빌미로 자금을 모아 일단 사업체를 굴리는 게 실제 목적인지도 모른다.

김철욱 씨는 국내투자자를 끌어들여 ㈜오시아나에 권한을 넘겼고, ㈜오시아나는 인천시의 최종 결정을 앞두고 울트라건설에 사업권을 넘기기로 약정을 맺었다. 하지만 실시협약 체결을 전제로 한 협약이었기 때문에 우선협상대상자 지위가 취소되면서 의미가 없어졌다. 만일 실시협약이 체결됐더라면 울트라건설이 애를 먹었을 것이다.

투자자를 모집한 사람들은 사업이 무산되면 자신들의 무능과 허언 때문에 사업이 좌초한 게 아니고 주무관청의 잘못으로 그렇게 됐다고 변명해야 한다. ㈜오시아나가 꼭 그렇게 했다는 것은 아니지만 그렇게 의심되는 사례를 몇 건 봤다. 어쩌면 ㈜오시아나 주주 중에도 선의의 피해자가 있을 수 있다.

김철욱 대표에 대해 그의 사업 파트너들도 의문을 표시한 적이 있다. 하지만 김철욱 대표가 사업 초기에 적잖은 비용을 사실상 개인적으로 부담한 걸 보면 처음부터 나쁜 의도를 갖고 사업에 나선 것으로 보이지는 않는다.

구글의 스트리트뷰 서비스는 2007년부터 시작됐다. CWKA 협상 당시 확인할 수 없었던 CWKA 주소지를 최근 검색해 보았다. 1999년 인천시와 CWKA가 맺은 개발합의서의 CWKA 주소를 검색하니 주유소가 나왔다(〈그림 7-3〉). 번지수에 오타가 있었을 가능성이 있다. 그렇다 하더라도 중요한 합의서 서명란 바로 아래 주소에 오류가 있었다면 그것도 이상한 일이다. 2002년에 CWKA가 사용한 회사 주소는 LA 북쪽 교외의 가정집이었다.

<그림 7-3> North Hollywood 소재 CWKA 주소지

자료: 이미지 캡처 ©2018 Google (Google Map 2007~)

## 2. 켐핀스키가 약속한 신기루

### 공영개발에서 켐핀스키로

CWKA가 물러나고 마땅한 사업자가 나서지 않자 인천시는 공영개발로 전환했다. 2003년 말 인천도시개발공사가 해결사로 나섰다. 2020년까지 해양관광 단지로 개발하겠다고 밝혔다. 인천시 방침에 따라 공영개발을 하기로 했지만 부담을 느낀 인천도시개발공사는 직접 사업을 하는 대신 공모를 통해 사업자를 모색할 생각도 했다. 그런데 켐핀스키가 나타나면서 상황이 변했다.

2006년 11월 인천시는 켐핀스키와 악연의 시작이 된 양해각서를 맺어 이듬해 7월 K컨소시엄과 기본협약을 체결했다. K컨소시엄은 개발면적을 213만 평에서 655만 평으로 대폭 확대하고 2020년까지 80조 원을 투자하겠다고 밝히며 SPC 설립을 약속했다. 하지만 SPC 출범 약속을 지키지 못하자 인천시는 2008년 7월에 기본협약 해지를 통보했다. 그런데 어찌된 일인지 한 달 뒤에 기본협약을 유지하기로 번복하고 SPC 설립 기한을 연장해 주었다. 그리고 그다음 해인 2009년 3월 K컨소시엄, 도시개발공사, 주민대표가 참여하는 PMC Project Management Company가 출범했다.

## 산을 밀어 고층아파트를 짓겠다는 무모한 개발계획

2009년 하반기에 PMC가 용유·무의 개발계획 변경을 신청하여 경제자유구역위원회가 조건부로 승인했다. 이 계획은 상식과 거리가 너무 멀었다. 우선 개발계획의 이름이 용유·무의 문화·관광·레저 복합도시로 바뀌었다. 복합도시의 실질적 의미는 주택사업에 있었다. 1990년대부터 용유·무의 관광단지 계획에 주거기능은 없었고, K컨소시엄의 최초 계획도 마찬가지였다. 그런데 느닷없이 인구 12만 명을 수용하는 주택을 짓겠다고 나선 것이다. 청라 계획인구가 9만 명임을 생각해 보면 그 규모를 짐작할 수 있다.

세계적인 관광단지를 만든다면서 주거기능을 대규모로 도입하는 게 적절한지는 논외로 하자. 그렇다고 하더라도 용유·무의는 경사지가 많고 인근 활주로 때문에 고도제한이 있는 지역이어서 12만 명의 인구를 수용할 지리적 여건이 안 된다. 임야 비율이 용유도가 65.1%, 무의도가 91%에 달한다. ICAO(국제민간항공기구)는 활주로 주변 4㎞ 이내의 고도를 45m로 제한하는 규정을 두고 있다. 우리나라도 이 규정을 따르고 있다. 인천공항 활주로 고도가 해발 7m이니 용유도 거의 대부분에 52m 고도제한이 적용된다. 나무나 건물, 옥상 안테나 등도 고도제한에 포함된다. 2015년 5월 항공법이 개정되면서 고도제한을 완화할 법적 근거는 생겼지만 아직 구체적인 기준이 나오지 않았다. 2009년은 고도제한 완화 가능성을 예상할 수 없던 시기였다.

변경계획을 보면 용유도 남동쪽 오성산 절토지와 왕산 북쪽 산지를 제외하면 주거, 상업, 업무시설로 도배가 돼 있다(〈그림 7-5〉). 용유도 항공사진과 변경계획을 비교해 보자. 고층 아파트가 들어서기 힘든 경사지에 고층 아파트를 짓는 것으로 나온다. 용유도 고도제한은 해발 52m인데 해발 고도는 만조위가 아닌 평균 수면 높이를 기준으로 한다. 따라서 용유도처럼 조석간만 차가 심한 곳에서는 해발 10m는 돼야 건물을 지을 수 있다. 높이가 해발 7m인 인천공항에 큰 유수지가 두 개 있는 것도 저지대여서 만조 때 배수가 어렵기 때문이다. 큰 비가 내리면 물을 유수지에 가뒀다가 썰물 때 방류한다. 이 유수지와 제방(도로) 때문에 공항부지 매립 때 성토를

<그림 7-4> 인천공항 개항 이전 용유도 항공사진

자료: 인천도시개발공사

적게 해 공사비를 줄일 수 있었다.

고도제한 때문에 용유도에는 높은 경사지에 고층 아파트

<그림 7-5> PMC의 용유·무의 변경계획

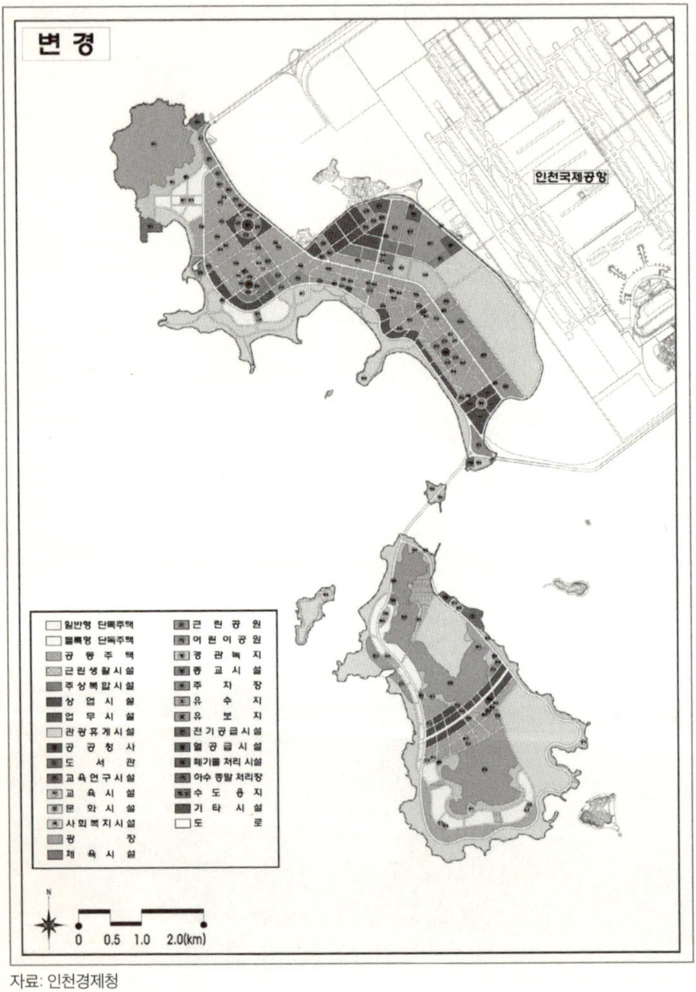


자료: 인천경제청

를 지을 수 없는데, 변경된 개발계획은 그런 사정을 반영하지 않았다. 계획대로라면 산지를 대규모로 절토해 높이를 평지에 가깝게 낮춰야 한다. 산지가 통째로 날아가 환경이 파괴된 곳에 주거 및 관광 수요가 충분히 있을지 의문이다. 경사지에 저층 주택을 지으면 바다조망을 확보할 수 있다. 하지만 이렇게 하면 고밀 주택을 지을 수 없으므로 인구 12만 명을 수용할 수 없다.

## 과도한 선행 투자비용

PMC는 토지보상비가 5조7천억 원, 기반시설 조성비가 4조5천억 원, 합계 10조2천억 원을 선투자해야 했다. NSIC가 지불한 송도국제업무단지 땅값의 8배가 넘는다. 그런데 실제로 개발하지 않거나 개발할 수 없는 토지까지 포함해서 용유도와 무의도 전체를 수용한다니 이해할 수 없는 계획이었다. 국내 굴지의 대기업이 참여한 SLC사업은 전체 사업으론 큰 개발이익이 예상됐다. 하지만 선행 적자사업인 인천타워 공사비 2조4천억 원의 재원조달에 실패해 재협상을 할 수밖에 없었다. 이 사례를 보면 민간기업이 10조2천억 원 아니라 그 1/4이라도 선투자해 개발사업을 하기는 어렵다는 점을 알 수 있다. 물론 LH같은 공기업은 시장에서 정부의 암묵적인 보증이 있다고 믿으니 대형 사업을 꾸려갈 수 있다.

## 앞뒤가 맞지 않는 경제자유구역위원회의 계획 승인

무리한 계획이 경제자유구역위원회에 상정되니 부정적 의견이 나올 수밖에 없었다. 경제자유구역위원회에서 지적한 문제점은 다음과 같다. 1) 10조 원의 재원조달이 어렵고 사업성이 부족하니 개발면적을 축소해야 한다. 2) 구체적 관광단지 개발계획 없이 관광단지 개발계획을 주거단지 개발계획으로 변경했다. 3) 구체적 사업성 검토자료가 없다. 4) 지형과 자연환경이 크게 훼손될 우려가 있다. 위원들은 변경계획 승인에 부정적이었지만, 지식경제부가 승인을 요청하자 가능하면 왕산 지역의 산림을 개발지역이 아닌 보전용지로 계획하고 녹지자연도[50] 7등급으로서 경사 20도 이상 지역은 보전한다는 조건을 달아 승인했다. 승인조건을 이행하려면 계획을 변경해야 하는데 승인이 났으니 앞뒤가 맞지 않는 결정이었다.

당시 테스코가 무의도에 아시아 글로벌 아카데미(현 홈플러스 아카데미) 건립을 추진하고 있었다. 지식경제부가 변경계획 승인이 취소되면 테스코 외자유치가 어려워지니 승인해 달라

50 녹지공간의 자연성 정도를 0~10등급으로 나타낸 지표다. 7단계는 자연군락이 인간의 영향에 의해 성립·유지되고 있는 2차림이다.

고 요청해 어정쩡한 승인이 이뤄졌다. 변경계획 승인 여부와 테스코 연수원 건립은 관련이 없다. 그런데도 지식경제부가 그런 구실을 댔다.

## 마구잡이로 그은 도로 계획

변경계획의 문제는 산림 훼손을 동반한 무리한 주택사업에 국한되지 않는다. 〈그림 7-6〉 왼쪽 도면은 용유도 남부 지역의 변경 개발계획이고 우측 도면은 실제 지도다. 두 도면을 비교해 보면 도면 왼쪽 위의 동서 횡단 도로(남북로)와 10시에서 5시 방향 대각선 도로(용유로)의 위치가 각각 일치하지 않다. 심한 곳은 200m 이상 차이가 난다. 두 도로는 개발계획

<그림 7-6> PMC 변경계획의 어긋난 도로

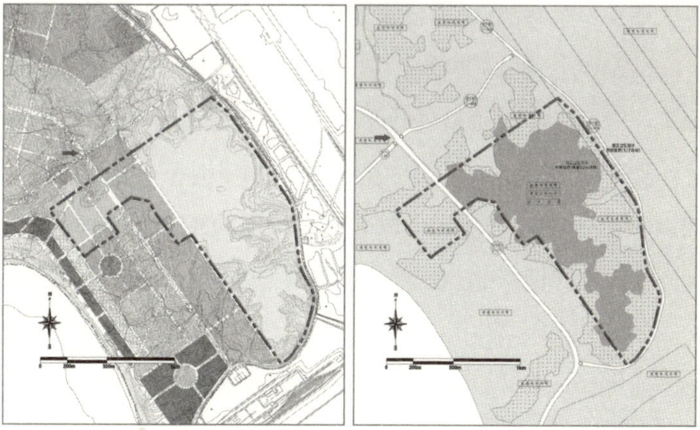

당시 이미 신규로 개설됐거나 공사가 막바지에 달한 용유도 서쪽 4차선 중심도로다. 새로 만든 멀쩡한 4차로 도로 위에 아파트를 짓고 그 옆에 도로를 다시 만든다는 걸 이해할 사람이 있을까? 기존 기반시설과 지형을 고려하지 않고 마구잡이로 줄을 그어댄 계획이 K컨소시엄의 80조 원 사업을 위한 변경계획이었다. 변경계획 도면을 반투명하게 만든 후 같은 축적의 위성사진과 겹쳐보면 누구나 변경계획이 얼마나 엉터리인지 쉽게 확인할 수 있다. 80조 원 사업의 일을 이렇게 하는 사람들이 나중에 에잇시티라고 317조 원 사업을 들고 나왔으니 굳이 더 따져 볼 필요도 없었다.

## 레토 비트버의 시간 끌기

K컨소시엄은 2009년 12월 개발계획 승인 후 투자자 모집에 나서 2010년 6월 대우건설, SK, 대한항공, 켐핀스키 등과 함께 SPC 구성을 위한 주주협약을 맺었다. 새로 인천시장에 취임한 송영길 시장이 K컨소시엄에 대해 의구심을 갖자 레토 비트버Reto Wittwer[51] 켐핀스키 회장이 영국계 SDC 그룹의 람지 산바Ramzi Sanbar라는 사람을 데리고 그해 연말에 인천을 찾아 SPC

51 국내 언론은 Wittwer를 위트워, 위트버, 또는 비트버로 표기한다. 영어식 발음으로는 위트워지만 이 책에서는 독일어 발음으로 비트버라고 표기하기로 한다.

에 출자하고 다른 호텔 체인과 함께 컨소시엄을 구성해 최소 6개의 특급호텔을 짓겠다며 투자 의지를 재확인했다.

람지 산바는 레바논 출신 팔레스타인 사람으로 1970년대에 사우디 왕세자와 동업을 하는 등 중동 지역에 네트워크가 있었다. 켐핀스키가 운영하고 있는 터키 시라간 팰리스 호텔 개발에 참여하여 레토 비트버와 친분이 있다. 그러나 재무적 투자가 아니라 프로젝트나 프로젝트 일부 일감을 받아서 주로 돈을 벌었다. 1970년대와 1980년대 활발한 활동을 했지만 인천을 방문할 당시에는 회사 홈페이지도 없었다. 부동산 개발과 금융투자 분야의 최대 그룹을 운영하다고 홍보했지만 2000년대에는 활동이 뜸해서 그렇게 보기 힘들었다.

## 인천시의 중동 방문

2011년 5월 송 시장을 비롯한 인천시 관계자들은 용유·무의 투자 유치 및 홍보를 위해 중동지역을 방문했다. 실제론 K 컨소시엄이 연결한 중동자본의 투자 의지와 능력을 확인하기 위해 갔다고 한다. 금으로 치장된 호화저택에 초대를 받기도 했다고 한다. 카타르의 알파단 그룹 회장을 만나고 온 송 시장은 귀국 후 고무되어 사업에 대한 비트버 회장의 애정과 의지를 확인하고 중동자본의 관심을 느꼈다고 말했다. 송 시장은 켐핀스키가 두바이와 아부다비에서 성공적인 투자사업을 벌이고 있는 현장을 보면서 인천 투자능력이 있음을 확인했다고 강조했다.

그런데 유명 호텔체인은 직접 호텔을 짓지 않고 소유주가 따로 있는 호텔에 자사 브랜드를 빌려주거나 위탁경영을 하는 사례가 대부분이다. 호텔을 모두 직접 소유하면 재원조달도 어렵고 경기변동에 따른 운영수입 부침이 커서 위험이 크기 때문이다. 객실 당 매출이 1% 줄 때, 호텔소유주 이익이 5%, 위탁운영료는 3%, 가맹점 수수료는 1% 감소한다고 한다. 그래서 호텔체인은 프랜차이스 업종으로 간주된다.

세계 최대 호텔체인 IHG InterContinental Hotels Group는 인터콘티넨털, 홀리데이인, 크라운플라자 등 10여 개 브랜드를 갖고 있다. 2012년 기준 IHG는 5,300여 개 호텔 중 가맹점이 4,433개, 위탁운영 호텔이 907개였고 8개만 직접 소유했다. 2014년 해외 언론 인터뷰에서 마리아 쿤 Maria Kuhn 켐핀스키 홍보 담당 부사장은 다음과 같이 말했다. "우리는 운영회사지 호텔을 소유하지는 않는다. 전 세계 74개 켐핀스키 호텔 중 독일에 있는 두 개만 우리 소유다." 따라서 2011년에 켐핀스키 이름이 걸린 호텔이 중동에서 건립 중이었다고 해도 그것이 켐핀스키의 투자를 의미하는 것은 아니다. 송 시장이 이런 점을 확인했는지 의문이다. 호텔을 두 개만 소유하는 회사가 80조 또는 317조 규모의 사업에 핵심 투자자로 나설 수 없다.

나중에 중동자본 유치가 아무 실적 없이 무산된 과정을 고려하면, 중동지역 사업가와 친분을 활용한 레토 비트버 회장의 시간 끌기에 인천시가 말려든 것으로 보인다. 중동자본이 아무리 투자 여력이 크다고 해도 사업성이 없는 황당무계한 사업에 투자하지는 않을 것이기 때문이다. 2011년 12월 K컨소시엄은 대우건설, 대한항공, C&S자산관리 등과 함께 63억 원을 모아 SPC인 ㈜에잇시티를 출범시켰다. 2012년 6월엔 람지 산바가 10억 달러를 투자하겠다며 인천시와 양해각서를 체결했지만 그걸로 끝이었다. 산바의 뒤를 이어 알파단 그룹도 방한해 3천억 원 투자를 위한 협약을 맺자고 이메일로 알려왔다고 했지만 방한은 미뤄지다 없는 일이 되고 말았다.

## 에잇시티 결국 무산되다

㈜에잇시티는 약속을 지키지 못하면서 시간을 끌다 2012년 7월 오히려 통 크게 317조 원 규모의 '에잇시티8 City' 건설 마스터플랜과 투자계획을 발표했다. 10월엔 연내에 SPC의 자본금을 500억 원으로 늘리겠다는 조건을 내걸었다. 하지만 연말은 커녕 다음 해인 2013년 5월 SPC 증자 기한도 어겨 기본협약이 해지될 가능성이 커지자 레토 비트버 켐핀스키 회장이 다시 방한했다. 인천시와 6월 말까지 자본금 4천만 달러, 12월 말

까지 토지보상금 10억 달러 조건에 합의했다. 인천시는 대신 약속을 이행하지 못해 기본협약을 해지하면 ㈜에잇시티가 이의를 제기하지 않기로 하고 기한을 연장해줬다.

㈜에잇시티는 다시 두 번이나 기한을 어겼고 2013년 7월 말 세 번째 기한을 못 지킬 것 같아지자 기본협약 해지를 막기 위해 인천시와 인천경제청의 비리를 폭로하겠다는 협박을 하기도 했다. 하지만 인천시는 협박에도 불구하고 ㈜에잇시티가 세 번째 증자 기한을 지키지 못하자 결국 2013년 8월 기본협약을 해지됐다. 만시지탄이지만 옳은 결정이었다. 기본협약 체결 후 해지까지 6년이 걸렸는데, 그동안 SPC 설립은 10차례 연장됐고 재원조달 시한은 3차례 연기됐다고 한다.

## ㈜에잇시티의 황당무계한 사업 계획

317조 원 사업은 굳이 분석이 필요하지 않을 만큼 비현실적이어서 많은 사람이 의구심을 가졌고, 인천시 내부에서도 회의적인 의견을 가진 사람이 많았다. 엉터리 80조 원 규모 사업계획을 네 배로 부풀렸으니 사업실현 가능성은 더 낮아졌다. 구체적인 개발계획 없이 조감도만 제시하는 수준이어서 분석하기 어렵지만 일단 〈그림 7-7〉 에잇시티 조감도를 보자. 에잇시티는 육지부 24.4㎢(738만 평)에, 해상부 55.6㎢(1,681만

<그림 7-7> 에잇시티 조감도

자료: ㈜에잇시티

평)이다.[52] 송도의 모든 공구가 완성됐을 때 면적과 비슷한 면적을 매립해야 한다. 인천공항과 송도는 갯벌을 매립해 비용이 많이 들지 않았다. 송도는 대부분 만조 때는 당연하고 기준수면 상태에서도 갯벌이 들어나는 곳이었다. 즉, 해발 높이가 0보다 크다. 당연히 매립비용이 적게 들었다.

그런데 에잇시티 해상부인 무의도 주변은 수심이 낮지만 북서쪽 수심이 7~14m에 이른다. 조석간만차와 파도를 고려하면 수심이 14m인 곳은 20여m를 매립해야 한다. 당연히 매립과 지반 강화 비용이 많이 들 수밖에 없다. 간사이공항은

52 전체 면적은 같지만 육지부와 해상부 비율은 기준에 따라 다르다.

수심이 18m에 달하고 침하가 심해서 건설비용이 비싸졌고, 이 때문에 인천공항보다 경쟁력이 낮다는 말은 우리가 많이 듣던 이야기다.

간사이공항은 건설 후에도 지반이 침하돼서 지속적으로 보강비용이 투입되고 있다. 지반이 안정되려면 50년은 걸릴 것으로 예상되는데 심하면 해수면 아래로 침하할지 몰라 우려하고 있다. 불균등하게 내려앉는 부등침하도 걱정거리다. 어차피 실현 가능성이 없어 걱정할 필요는 없지만, 만일 계획이 실현됐다면 에잇시티도 유사한 문제를 겪었을 것이다. 매립을 하려면 비용을 고려해서 무의도 주변을 해야 한다.

그리고 에잇시티 계획엔 오성산 절토지에 F1 자동차경주장 건립이 포함되어 있다. 제정신으로는 수십만 평의 땅에 수천억 원을 들여 경주장을 짓고 매년 수백억 원의 적자를 보는 일을 할 리 없다. F1은 개최권을 따와도 대회는 연 1회 단 3일 열린다. 경기장을 운영하려면 매주 다른 자동차 경주가 열려야 하는데 주택가 옆에 굉음을 유발하는 시설을 짓는다는 계획도 이해하기 어렵다. 굳이 F1 대회를 유치하고 싶으면 시내 도로를 임시로 개조해서 대회 기간만 스트리트 서킷으로 사용하는 방법이 있는데 왜 경주장을 짓겠는다는 건지도 알 수 없다.

## 켐핀스키는 정말 투자할 생각이 있었나?

켐핀스키의 자칭 한국법인 관계자 이야기는 접어두고 K컨소시엄 핵심 주역인 레토 비트버 켐핀스키 회장의 투자 약속이 신빙성이 있었는지 알아보자. 켐핀스키는 스위스에 본사를 두고 있는 유명한 고급 호텔 체인으로 유럽, 중동, 중국 등 세계 각지에서 많은 호텔을 운영하고 있다. 레토 비트버 회장은 인천시가 투자 의지에 의심을 품을 때마다 한국을 방문하거나 편지를 보내 켐핀스키의 투자 의지를 확인해 주곤 했다.

하지만 K컨소시엄 측은 안상수 시장 시절에 K컨소시엄과 K컨소시엄의 국내 시행사라는 ㈜용유·무의KI코리아(이하 KI코리아)에 켐핀스키 본사가 출자했는지, 본사 차원에서 용유·무의 사업에 투자를 결정했는지 확인해 주지 않았다. 이종철 청장은 2010년 인천시의회에서 켐핀스키 명의의 투자의향서가 인천경제청에 제출된 사실을 취임 후 확인했다고 발언했다. 하지만 이 청장 취임 직전 활동한 송영길 당선자 인수위는 KI코리아 등기부등본 확인 결과 켐핀스키가 출자한 사실이 없고 켐핀스키 그룹의 이사회 결의가 없었다는 점을 확인했다.

비트버 회장은 인천시가 K컨소시엄에 사업 참여 여부에 대한 켐핀스키 그룹의 이사회 결의 여부를 질의해도 확인해 주지 않았다. 비트버 회장은 "자신이 오래 회장을 맡아 주주와 이사회에서 반대하는 일을 할 수 없다"고 둘러댔다. 하지만 의심을 거둘 수는 없다. 그 당시 켐핀스키의 1대 주주는 태국 왕실이었고 비트버는 고용된 전문경영인이었다. 기업의 사주가 아니므로 이사회 의결 없이 자신의 의지대로 초대형 사업을 추진할 수는 없는 일이다.

그런데 수차례 인터넷 검색을 시도해도 예나 지금이나 켐핀스키의 용유·무의 사업 참여를 알리는 유럽 현지 기사를 볼 수 없었다. 관련 영문 기사가 있지만 모두 에잇시티 투자설명회 직후 한국 발 기사였다. 켐핀스키 본사가 있는 스위스의 유명 신문에서 켐핀스키 기사를 검색해도 평양 류경호텔 기사는 여러 건 있지만 용유·무의 관련 기사는 없었다. 독일어로 검색해도 마찬가지였다. 80조 또는 317조 원의 사업을 주도하면서 회사 차원의 홍보를 하지 않고 유럽 현지 언론이 아예 언급하지도 않는다면 상식적으로 이해할 수 없는 일이다.

## 확인해야 할 것을 확인하지 않은 잘못

인천시는 상식으로 판단할 수 있는 일에 신뢰와 의심을 반복하면서 너무 오래 시간을 끌었다. K컨소시엄에 대해, 안 시장은 신뢰 → 불신→ 신뢰로, 송 시장은 불신 → 신뢰 → 불신으로 태도가 변하는 과정을 거쳤다. 제출하지 않는 자료만 요구할 게 아니라 본사를 찾아가 다른 경영진과 이사진을 면담해야 했다. 그렇게 했으면, 비트버 회장의 개인적 행동인지 회사 차원의 결정이었는지 확인할 수 있었다고 본다. 그리고 무엇보다도 사업타당성을 검증해 보았으면 굳이 공식적인 투자 의지를 확인할 필요도 없었다.

지금은 인천시와 무관한 인물이 됐지만 에잇시티 무산 후 비트버 회장의 소식을 전하고자 한다. 비트버 회장은 회사가 긴축경영을 하는 와중에 회사 공금을 빼돌렸다는 의혹이 불거져 2014년에 켐핀스키 회장직에서 물러났다. 회사 측은 외부기관에 심층 조사를 맡긴 후 6백만 스위스 프랑(약 68억 원)을 횡령했다는 결과가 나왔다며 2015년에 스위스 당국에 형사 고소를 했다. 물론 비트버는 횡령 사실을 부인했다. 하지만 2016년 봄에 양측이 합의하고 분쟁을 끝냈다.

2012년에 람지 산바가 10억 달러를 투자하겠다며 레토 비트버와 함께 인천을 찾아 양해각서를 체결한 적 있다. 이때 켐핀스키의 던컨 오로크 최고운영책임자도 동행했다. 오로크는 비트버가 후계자로 키우던 인물인데, 비트버가 사퇴하자 오로크도 켐핀스키를 떠났다. 스위스 본사를 찾아갔어도 경영진 중에 오로크만 만났으면 헛수고에 그쳤을 것이다.

## 용유무의 주민들의 피해

아무런 진척 없이 6년을 끈 에잇시티 사업은 주민들에게 큰 피해를 줬다. 많은 주민이 보상을 기대하거나 인상된 감정가를 믿고 대출을 받았다. 대출금을 추가적인 보상을 노리고 깡통주택과 깡통상가를 짓는데 쓴 주민도 있다. 영종도 등지에 땅 사는 데 쓴 주민도 있었다. 물론 생활비나 사업자금으로 쓴 사람도 많았다.

에잇시티 무산과 경제자유구역 지정 해제로 감정가가 하락했고 담보 가치 하락을 우려한 금융기관이 대출 회수에 나서면서 많은 주민이 자신의 부동산이 경매에 넘어가는 아픔을 겪었다. 용유도 개발 주민대책위원회가 언론에 밝힌 대출규모는 3천억 원이 넘는다.[53] 대출을 받지 않았지만 올라간 공시지가 때문에 재산세만 더 냈는데 땅값이 다시 내려갔다고 불평하는 주민도 있었다. 인천시가 현명하게 대처했으면 생기지 않았을 일이다.

---

**53** 신현우, "물거품된 '300조 개발사업'..주민 두손엔 '3000억 빚'만", 머니투데이, 2015.1.10.,http://news.mt.co.kr/mtview.php?no=2015010708165013968

# 8

# 어떤 산업이 **경제성장을 이끄나?**

## 1. 제조업 대 서비스업 논쟁과 보몰 효과

### 제조업과 서비스업 우선순위 논쟁

지속적인 경제성장을 위해 중요한 산업은 무엇일까? 제조업이 중요하다는 견해도 있고 서비스업이 중요하다는 주장도 있다. 서비스업이 중요하다고 보는 사람들 견해를 보면 우선 외국과 비교를 많이 한다. 중국이 세계의 공장이 되고 급속하게 경쟁력을 키우는데 한국이 설 자리가 있겠느냐며 서비스업을 육성해야 한다고 말한다.

이들은 제조업이 예전 노동집약적 특성에서 벗어나 일자리를 많이 만들지 못하고 서비스업에 일자리가 많은 점에 주목한다. 자동화, 기술혁신, 공정 개선 때문에 제조업 자체가 일자리를 덜 만든다. 여기에 더해, 우리나라를 포함한 선진국에서는 제조업이 해외로 공장을 옮기거나 해외에 일감을 주는 바람에 제조업에 의한 고용창출에 어려움이 있다.

지난 10여 년간 한국의 서비스업 비중은 OECD 꼴찌 수준인 GDP 60% 선에 머무르고 있다. 반면 주요 선진국은 GDP 70~80%가 서비스업 몫이다. 우리나라는 특히 제조업 대비 서비스업 생산성도 낮아서 언론이 이 점을 자주 문제로 지적한다. 〈그림 8-1〉은 주요 국가 산업별 GDP 비중인데, 이런 자료를 보면 한국도 다른 선진국처럼 서비스업을 키워야겠다는 생각이 들게 된다.

그러나 반론도 만만치 않다. 제조업은 생산성 향상 속도가 빨라 제품 가격이 빨리 내려가기 때문에 비중이 줄어드는 것처럼 보인다며 강한 제조업이 있어야 금융업도 발전할 수 있다는 것이다. 〈그림 8-1〉에 나타나듯이 일본과 독일은 제조업 비중이 상대적으로 작은데, 글로벌 금융위기 당시 이 두 나라는 비교적 덜 흔들렸다. 영국과 미국은 원체 금융업이 발달한 나라이므로 어려움을 더 겪은 게 당연하다. 제조업을 중시하는 사람들은 독일과 일본이 제조업 강국이어서 위기를 잘 견뎌 냈다고 주장한다. 제조업 강국인 중국도 금융위기 영향을

<그림 8-1> 2015년 기준 주요 국가 산업별 GDP 비중

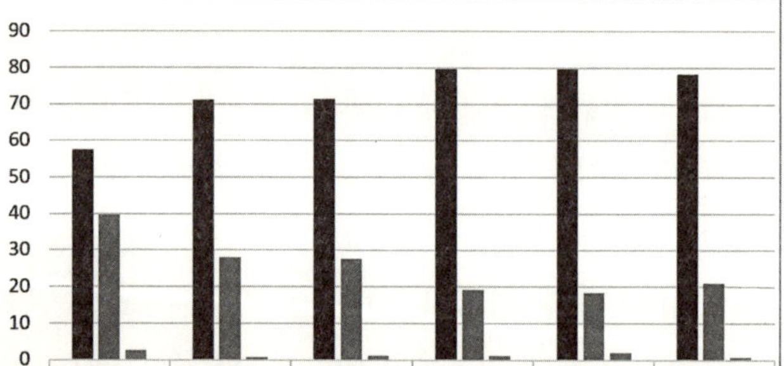


| | 한국 | 독일 | 일본 | 미국 | 프랑스 | 영국 |
|---|---|---|---|---|---|---|
| ■서비스업 | 57.5 | 71.1 | 71.4 | 79.7 | 79.8 | 78.3 |
| ■제조업 | 39.8 | 28.1 | 27.5 | 19.1 | 18.3 | 21 |
| ■기타 | 2.7 | 0.8 | 1.2 | 1.2 | 1.9 | 0.7 |

■서비스업 ■제조업 ■기타

자료: Wikipedia 자료 재구성 (원 자료: CIA, The World Factbook)

크게 받지 않은 편이다. 사실 글로벌 금융위기 이후 우리나라에서 금융 입국을 주장하는 사람들 목소리가 약간 줄긴 했다.

### 모호한 1, 2, 3차 산업의 분류

통계를 볼 때 오해를 피하기 위해 1, 2, 3차 산업의 분류에 대해 알아보자. 보통 1차 산업을 농어업, 2차 산업을 제조업, 3차 산업을 서비스업으로 분류한다. 그런데 광업과 건설업은 분류가 애매하다. 광업을 1차 산업에 포함하기도 하고 2차 산업에 넣기도 한다. 우리 경제에서 비중이 큰 건설업도 2차 산업과 3차 산업 경계에 있어 기준이 모호하다. 통일된 의견은 아니지만, 광업은 2차 산업으로, 건설업은 3차 산업으로 분류하는 견해가 다소 우세하다. 우리 통계청은 1, 2, 3차 산업을 공식적으로 구분하고 있지 않다. 따라서 제조업과 서비스업 비중을 큰 틀에서 논할 때 자료별로 기준이 다르다는 점을 염두에 둬야 한다.

### 신성일은 왜 크게 돈을 벌지 못했을까

우선 이런 질문을 해보자. 수십 년 전 교사, 변호사, 이발사, 가수, 배우, 중국집 주인이 하던 일과 지금 이 직업을 가진 사람들은 거의 같은 일을 한다. 요즈음 이발사라고 가위질을 더 잘하고 요즈음 배우가 연기를 훨씬 더 잘한다고 보기 어렵다. 즉 생산성 변화가 거의 없다. 그런데 정도의 차이는 있지만 소득은 크게 올랐다.

배우 이순재 씨는 최근 인터뷰에서 "나는 평생 해도 2층짜리 빌딩 하나 없다. 요새는 (그보다 좋은) 그런 조건이 있다. … 아마 신성일이 지금 조건 같으면 10조는 벌었을 것이다. 수백 편의 영화를 찍어도 지금은 별로 돈이 있는 것 같지 않지 않다"고 말했다.[54] 신성일은 왜 요즈음 유명 영화배우처럼 돈을 많이 못 벌었을까? 일을 적게 했거나 연기력이 부족해서 그런 것은 아닐 것이다.

1958년 경향신문은 "냉장고, 냉방장치, 선풍기 등은 말마따나 한국 가정에는 시기상조. 서울에 냉장장치가 있는 곳이 몇 개나 되는지?"[55]라는 글을 실은 적이 있다. 냉방장치는 말할 것도 없고 선풍기가 시기상조라니, 그 시대 우리나라 소득수준을 짐작하게 한다. 지금은 어떤가? 냉장고와 냉방장치 없는 집을 찾기 힘들다. 웬만한 가정에는 다 승용차가 있다. 하지만 가정에서 생계를 책임지는 사람들 직업은 수십 년 전이나 지

---

54 정유진, [인터뷰] 이순재 "신성일, 요즘 배우였으면 10조는 모았지", 뉴스1, 2018.3.28.,http://news1.kr/articles/?3273780

55 최형섭, [한국 테크노 컬처 연대기] (18) 김치냉장고는 '한국형' 테크놀로지인가?,주간경향, 2016.5.10.

금이나 별 차이가 없는 경우가 흔하다. 왜 그럴까? 경제성장 덕이라고 쉽게 대답할 수 있지만, 그렇다면 예나 지금이나 비슷한 일을 하는데 왜 경제가 성장했는지 답을 해야 한다.

## 보몰 효과

<그림 8-2> 노년의 윌리엄 보몰

자료: El Comercio

윌리엄 보몰William J. Baumol이라는 경제학자는 보몰 효과Baumol Effect라는 이론을 제시했다. 보몰 효과란 생산성 향상 속도가 빠른 산업 때문에 생산성 향상 속도가 느린 산업 종사자들 임금도 올라가는 현상을 가리킨다.

한 나라의 경제가 생산성 상승 속도가 빠른 산업과 생산성 향상 속도가 느린 산업으로 구성되어 있다고 하자. 그리고 편의상 전자를 A산업, 후자를 B산업이라고 하자. A산업 생산성이 높아지면 종업원들에게 더 높은 임금을 줄 수 있다. A산업 임금이 올라가면 사람들이 그쪽 일을 더 찾게 된다. A산업은 일하려는 사람이 늘고 B산업은 일하려는 사람이 줄게 될 것이다. 달리 표현하면, 노동시장의 경쟁이 작동한다. 그 결과 A산업 임금은 오르긴 하지만 약간 덜 오르고 B산업 임금도 오르게 된다. A산업 생산성이 올라서 생산성이 그대로인 B산업 임금도 덩달아 오르는 것이다.

일반적으로 생산성 향상 속도가 빠른 A산업은 기술집약적 혹은 자본집약적 산업이고 생산성 향상 속도가 느린 B산업은 노동집약적인 산업이다. 그래서 보몰은 공공부문 서비스가 노동집약적이기 때문에 생산성이 잘 오르지 않는데 생산성이 빠르게 올라간 다른 산업 때문에 임금이 같이 오르게 된다고 본다. 그러지 않으면 누가 공무원을 하려고 하겠는가?

### 보몰 효과와 산업의 동반 성장

중요한 결론은 생산성 향상 속도가 빠른 기술집약적인 산업(주로 제조업) 발달이 노동집약적 산업(주로 서비스업) 종사자들 소득도 올린다는 것이다. 국어 선생님이 수십 년 전보다 더 잘 가르쳐서, 중국집 주인이 짜장면을 더 맛있게 만들어서 자가용을 타고 에어컨과 냉장고를 살 수 있게 된 것이 아니다. 생산성이 빠르게 상승하는 부문이 그렇지 않은 부문 종사자 소득도 올린다는 점은 동반성장이라고 긍정적으로 볼 수 있는 현상이다.

그러나 이상하게도 보몰은 상대적으로 더딘 생산성 속도 때문에 공공서비스, 교육, 의료 등 노동집약적인 상품과 서비스 비용이 올라간다는 부정적인 측면을 강조한다. 누군가의 임금은 누군가의 비용이기 때문일까? 필자는 보몰 효과를 좀 더 확대해서 제조업과 서비스업의 관계를 살펴보려 한다.

## 2. 제조업이 중요하지만 서비스 활동이 제조업을 이끈다

### 제조업의 빠른 생산성 향상 속도

〈그림 8-3〉은 제조업 생산성 향상 속도를 극명하게 보여주는 사진이다. 인터넷에선 꽤 널리 알려진 사진인 좌측 사진은 1956년에 IBM 하드드라이브를 옮기는 모습이다. 용량은 5MB인데 비매품이었고 임대만 가능했다. 임대료가 당시 가격으로 월 3천200달러, 요즘 가격으로 2만8,000달러였다. 수명을 3년으로 가정하면 가격이 100만 달러가 넘는다. 우측 사진은 최근의 이동식 하드디스크인데 용량은 약 42만 배인 2TB(2,097,152MB)이고 가격은 60달러다. 1MB당 가격으로 비교하면 1956년 가격이 약 7천억 배 비싸다. 이 사례는 너무 극

<그림 8-3> 과거와 현재의 하드드라이브 비교

자료: Michael de Groot6, https://www.flickr.com/photos/stayingaliveuk/

단적이지만, 컴퓨터 성능이 비약적으로 좋아지고 가격은 별로 변하지 않았다는 점에 대해서는 모두 동의할 것이다. 실제로 중상급 PC는 10여 년 전이나 지금이나 가격이 100만 원 전후인데, 요즈음 PC가 성능은 훨씬 뛰어나다.

일반적으로 제조업은 기술집약적이기 때문에 기술이 발전하면 생산성이 크게 오르지만, 서비스업은 생산성에 변화가 느린 사례가 많다. 백화점 판매원과 선생님이 하는 일에 무슨 큰 변화가 있겠는가. 물론 제조업 안에서도 업종별로 생산성 향상 정도는 다르다. 수공예품 제작도 도구의 도움을 받아 생산성이 높아졌겠지만, 컴퓨터산업, 가전산업, 자동차산업에 비교할 바가 아니다. 제조업은 생산성이 높아져서 임금이 올라가도 제품 가격이 내려간다. 가격이 오르진 않아도 품질이 좋아지는 것 역시 같은 원리다. 생산성이 그대로인데도 서비스업은 임금과 가격이 오른다. 수십 년 전보다 등록금과 이발 요금이 많이 올랐다.

이런 추세가 누적되면 전체 산업에서 제조업 비중이 작아지고 서비스업 비중이 커진다. 제조업을 중시하는 사람들이 강조하는 포인트다. 선진국은 서비스업 비중이 높아졌기 때문에 경제성장률이 낮을 수밖에 없다. 선진국에서는 연간 경제성장률이 3%만 되도 호황이라고 들썩거린다. 만약 지금 중국에서 그 정도 성장률이면 불황을 넘어 공황 수준이다. 보몰 효과를 고려하면 부분적이나마 이 현상을 이해할 수 있다.

## 한 부문의 빠른 생산성 증가는 다른 부문의 수요를 키운다

보몰이 신경 쓰지 않고 넘어갔지만 보몰 효과는 임금이 아닌 다른 경로를 통해서도 서비스업 성장에 기여한다. 컴퓨터 회사에 다니는 직원 임금이 오르면 외식도 자주 하고 극장도 자주 찾고 자녀들 학원비도 많이 낸다. 즉 제조업 성장이 서비스업 수요를 늘린다. 특히 소득 탄력적인 서비스업, 즉 소득이 오를수록 소비를 소득 증가 비율 이상으로 더 많이 하는 서비스업이 혜택을 많이 받게 된다.

예를 들면 유명 영화배우나 가수가 그 수혜자들이다. 결과적으로 늘어난 수요로 인해 전체 경제에서 서비스업 비중이 커진다. 물론 컴퓨터 회사 직원이 자동차를 사기도 하고 가수나 교사의 컴퓨터와 자동차에 대한 소비지출도 늘 것이다. 요약하면, 제조업이 서비스업 임금만 올리는 게 아니라 시장도 키운다.

### 기술과 아이디어가 생산성 향상의 열쇠

지금까지 논의를 종합하면 제조업이 생산성 성장을 견인하는 것처럼 보여서 제조업을 중시하는 사람들 손을 들어주는 것처럼 보인다. 그러나 현실은 그렇게 단순하지 않다. '생산성 향상이 빠른 산업 = 기술집약적 산업 = 제조업 그리고 생산성 향상이 느린 산업 = 노동집약적 산업 = 서비스업'이라는 공식은 편의상 단순화한 것이다.

제조업에도 생산성 속도가 빠른 업종과 느린 업종이 있고, 서비스업에도 생산성 속도가 빠른 업종이나 기업이 있다. 구글이나 페이스북이 제조업체는 아니지 않은가? 이들은 아이디어와 소프트웨어로 성공한 기업이다. 전 세계 페이스북 가입자가 9억 명이 넘는다는데 가입자가 1억 명에서 9억 명으로 늘었다면 생산성도 몇 배로 증가한 셈이다. 자동차, 사과 같은 제품과 달리 페이스북 사용자가 는다고 해도 추가 비용 즉 한

계비용은 미미하게 증가하기 때문이다.

관건은 제조업이냐 서비스업이냐 하는 문제가 아니고 어느 산업 또는 업종이 생산성 향상 속도 가능성이 크냐는 것이다. 생산성 향상에는 기술과 아이디어뿐만 아니라 경영 능력, 규모의 경제, 법률, 제도, 문화 등 다양한 요인이 작용한다. 그러나 정치사회적 요인을 기업이 바꿀 수는 없고 기업에 가장 중요한 것은 기술과 아이디어다. 기술이 발전하고 뛰어난 아이디어가 나와야 생산성이 올라간다. 그런데 기술과 아이디어는 사람의 머리에서 나온다. 기계는 기술이 체화된 물건이지 기계가 기술과 아이디어를 만들지 않는다.

제조업 특히 첨단제조업이 생산성 향상 속도가 빠르다고 하지만 깊이 들여다보면 기술과 아이디어가 제조업 생산성 향상의 원인이다. 그런데 기술과 아이디어를 만들어 내는 활동은 사람의 지적 활동, 대표적인 예를 들면 R&D다. 이런 활동은 무형의 재화를 만들어 내는 것이니 제조가 아니고 본질적으로 서비스다. 즉 하는 일로 봐서는 서비스업에 가까운 지적 활동이 제조업과 여타 산업 생산성을 끌어올린다.

### 지식기반경제

지식기반경제라는 말을 들어 본 적이 있을 것이다. 네이버 지식백과는 지식기반경제를 "지식의 생성, 분배, 활용에 직접적인 기반을 둔 경제를 말한다. 즉 자본이나 노동력보다는 지식이 경쟁력과 성장의 원천이 되는 경제를 말한다"라고 설명한다. 전통적인 생산요소는 토지, 노동, 그리고 자본이다. 토지를 무시하고 노동과 자본으로 생산 요소를 규정하는 경향이 일반적이긴 하다.

지식이 다른 생산요소보다 경제성장에 더 기여하는 경제가 지식기반경제고, 현대경제가 지식기반경제로 이행하고 있다는 것이 지식기반경제를 강조하는 사람들 견해다. 그런데 자본은 지식이 물품으로 체화된 것이고 노동력에 지식이 들어있으니 지식을 다른 두 생산요소에서 분리해 내는 것은 개념적으로나 현실적으로나 어려운 일이다. 하지만 현대경제에서 지식이 아주 중요하다는 점은 분명하다. 우리가 예전에 다람쥐를 잡아 수출할 때 노동이 투입됐고 가발을 수출할 때 자본과 노동이 투입됐지만, 지식이 무슨 중요한 역할을 했겠는가? 아직 상업화되지 않았지만 자율주행 자동차는 지식을 배제하고 설명할 수 없다.

## 서비스 활동, 생산성, 일자리

지식을 만들어 내는 대표적인 것이 R&D와 새로운 아이디어다. 굳이 분류하자면 서비스 활동이다. 서비스업이라 하지 않고 서비스 활동이라고 한 이유는 제조업체 내부에서 일어나는 서비스 활동이 통계상 서비스업으로 분류되지 않기 때문이다. 서비스업 일부, 정확히는 지식집약적인 특정 서비스 활동이 경제, 특히 제조업 생산성을 올린다.

정서적으로 다소 불편하게 들릴지 모르지만, 공장의 망치질이나 변호사의 변론, 가수의 노래가 경제성장을 이끌지 않는다. 물론 산업화 시기에는 현장에서의 노동이 경제성장에 기여했다. 그리고 예나 지금이나 변호사 도움이 필요할 때가 있으며 가수의 노래가 위안이 되기도 한다. 경제성장의 결과로 인해 그만큼 노래나 법률서비스의 가치가 올라갔다고 생각해도 된다.

하지만, 선진국 문턱에 들어선 지금 그리고 앞으로 대한민국에 필요한 것은 지식에 의한 생산성 향상이다. 보몰 효과를 확장해서 지식기반경제의 중요성과 결부해 생각해 보면, 제조업이냐 서비스업이냐 하는 논쟁은 의미가 없어진다. 대신 서비스 활동이 낳은 지식이 제조업을 이끌고 그 결과 여타 서비스업도 성장한다는 결론에 도달하게 된다. 달리 표현하면 R&D 등 일부 서비스 활동이 특정 산업 생산성을 빨리 끌어 올리고 그로 인해 생산성 향상이 더딘 다른 산업도 성장하게 된다.

가능하다면 생산성 견인의 원인이 되는 R&D 등 일부 서비스 활동을 송도로 유치하는 것이 바람직하다. 그런데 그런 활동은 노동집약적이고 높은 빌딩 안에서 할 수 있으므로 같은 면적에서 양산형 공장보다 훨씬 많은 일자리를 만들어 낼 수 있다. 경제성장에도 기여하고 일자리도 많이 만드니까 일거양득이다.

## 3. 서비스업에 대한 오해를 풀자

### 서비스업은 비생산적인 산업이 아니다

서비스업이라고 하면 도매 및 소매업과 숙박 및 음식점업을 떠올리는 사람들이 많다. 먹고 쓰는 소비적인 산업이라는 것이다. 서비스업은 1, 2차 산업을 제외한 나머지 모든 산업을 가리킨다. 1, 2차 산업도 각각 나머지 두 산업을 제외한 전부를 가리키는 게 아니냐고 반문할지 모르지만 서비스업은 무형의 재화를 만든다는 공통점만 있을 뿐 상당히 다양하고 이질적인 활동으로 구성되어 있다.

심지어 서비스업을 비생산적인 활동으로 인식하는 사람을 본 적도 있다. 죽어가는 사람을 살리는 의사의 일이 어떻게 비생산적이고 소비적일 수 있나? 큰돈을 들여 일본에서 한국으로 와 빅뱅 콘서트를 보러 가는 팬의 행위를 비생산적이라

할 수 없다. 그 팬은 쓴 돈 이상의 만족을 얻으려고 왔을 것이다. 빅뱅은 생산적인 일을 한 것이다. 사는 쪽의 소비는 파는 쪽의 생산이므로 소비와 생산이 다를 수 없다.

## 서비스산업의 범주를 다시 생각해보자

예전에 인천경제청에서 회의하면서 양산형 공장은 그만 데려오고 서비스업을 키우자고 말했다. 당시 이종철 청장 역시 공장 그만하고 서비스업을 키워야 한다며 공감을 표시했다. 이 청장 재임 시 인천경제청은 서비스업이 일자리를 많이 만든다며 송도를 서비스산업 전진기지로 육성하겠다는 포부를 여러 번 밝혔다. 그런데 필자가 생각한 서비스업은 연구소, IT, 소프트웨어, 벤처기업 같은 것이고 이 청장이 중시한 서비스업은 관광, 레저, 의료, 교육, 유통이었다. 이 청장이 R&D가 서비스업 또는 서비스 활동에 해당한다는 것을 모르지 않았을 것이다.

그러나 중요한 서비스업이라고 할 때 머리에 먼저 떠올리는 산업은 사람마다 다르다. 실제로 이 청장은 복합리조트, 대형 쇼핑몰, 금융기관 유치를 위해 노력했다. 그리고 영종은 기업연구소나 벤처기업보다 복합리조트가 더 어울리는 곳이다. 서비스산업 전진기지를 강조했지만, 인천경제청은 송도 산업용지에서 제조업 위주 투자유치에 변화를 주지 않았다. 인천 경제청 관계자들에겐 산업용지는 당연히 제조업체를 위한 것이라는 통념이 있는 듯하다.

IT산업에 대해서도 혼선의 여지가 있다. 모 언론매체는 이종철 청장이 서비스산업 위주의 발전 전략을 강조하자, 그동안 IT, BT, 물류 중심의 개발을 도모해온 것과는 다른 맥락이어서 주목된다고 보도했다. IT와 BT를 제조업으로 본 것인데, 사람들이 자주하는 오해다.

IT산업은 제조업과 서비스업 경계가 불분명한 산업이다. 예를 들면 스마트폰 만드는 것은 제조업이지만, KT나 SKT가 하는 통신업은 서비스업이다. KT나 SKT는 첨단기술이 적용된 각종 장치를 사용해야 하므로 기술과 자본을 많이 필요로 하지만 서비스업체다. 스마트폰 만드는 애플도 기획, 연구개발, 마케팅에 주력하고 만드는 것은 하청을 주므로 서비스업체로 간주해도 된다. 제조업체가 PC를 만들고 마이크로소프트가 PC에 필요한 운영체제를 만든다. 운영체제를 만드는 것은 서비스업 일종인 소프트웨어 제작업이다. IT를 비롯한 첨단산업 중 다수가 제조업과 서비스업이 융합된 산업이다. BT도 마찬가지다. 다국적 기업의 신약 개발에 필요한 R&D 비용은 신약 하나에 일반적으로 5,000억 원에서 2조 원이 든다.[56]

56 신약 후보 물질 5천 개에 도전해서 하나 성공하면 실패한 비용은 성공한 신약에 반영되므로 R&D 비용이 높을 수밖에 없다.

BT는 연구개발의 비중이 원체 높아서 R&D기업인지 제조기업인지 판단하기 어렵다.

### 제조업에서 R&D의 의미

제조업과 R&D의 관계를 보자. 제조업 내에서 설계, 엔지니어링, 디자인, 기획, 재무, 마케팅, R&D, 원자재 구매, 부품 조달 및 생산, 조립 등 다양한 활동이 일어난다. 이 중 부품생산과 조립을 제외하면 모두 서비스 활동 내지는 머리 쓰는 활동이다. 단순 노동집약적 제조업이나 전통제조업에서는 부품생산과 조립의 비중이 크지만 현대경제에서는 그 비중이 이미 작아졌고 더 작아지고 있다. 이른바 제조업의 서비스화 또는 지식기반경제의 진전은 이런 현상을 가리킨다. 제조업체 내 서비스 활동 중에서도 생산성 향상의 근본 원인인 R&D나 아이디어가 제일 중요하다.

첨단제조업에서는 내부 서비스 활동의 비중이 아주 크다. 삼성전자는 2017년에 R&D에 16조8천억 원을 투입했다. 이 액수는 2017년 국가 R&D 예산 19조4천억 원에 필적하는 수준이다. 하지만 통계상으로는 그 비용은 모두 제조업에 반영된다. 단일기업 내부 활동을 외부에서 구분해서 따로 분류하기 어렵고 최종 제품은 공산품이기 때문이다.

반면에 제조업체가 서비스 활동 일부를 외부업체에 하청으로 맡기거나 계열사에 맡긴다면 그 활동은 서비스업으로 따로 분류된다. 예를 들면 송도에서 바이오시밀러 제품을 생산하는 삼성바이오로직스는 제조업체다. 그러나 그 제품을 개발하기 위한 R&D를 하는 계열사 삼성바이오에피스는 서비스업체다. 이때는 R&D 비용이 별도 법인에서 처리되므로 통계적으로 제조업 비중이 줄어 보이게 된다. 제조업을 중시하는 사람들은 제조업 비중이 주는 이유 중 하나로 이런 현상을 거론하며 통계적 착시라고 부른다. 그러나 다른 사람 눈에는 형식상 제조업이지만 실질적인 부가가치는 대부분 내부 서비스 활동에서 발생한다고 보일 것이다.

송도에 공장 그만 들여오고 R&D 중심 서비스업을 키워야 한다고 주장할 때, 필자 머리에 순간적인 머뭇거림이 스쳐 간다. R&D 사업장이 독립 법인일 수도 있고 기업 내부 부서일 수도 있다. R&D는 제조기업 활동 일부일 수도 있고 서비스기업 활동 일부일 수도 있다. 참고로 2017년 R&D 지출 세계 1위 기업은 161억 달러를 쓴 유통서비스업체 아마존이었다. 아마존이 사업분야 다각화 시도를 하고 있기는 하다. 중요한 지적 활동이 R&D에 국한되지도 않고 제조업과 서비스업 경계가 모호한 업종도 있다. 송도에서 중요한 본사 기능과 R&D 기능을 수행하고 공장은 충남이나 중국에 있다고 하자. 이런 기업은 제조업체지만 서비스 활동을 여기서 하는 것이다.

이 책에서 송도의 제조업 유치를 비판했지만, 공장이라도 지식산업센터 내 작은 공간에 입주해 기술집약적인 경박단소형 제품을 만든다면 그런 기업 입주를 꺼릴 이유가 별로 없다. 큰 단독 건물을 갖는 양산형 공장에 반대할 뿐이다. 이런 복잡한 상황을 짧은 문장으로 이해시킬 수 있을까? 오해를 키우는 단정적인 표현은 아닐까? 이런 걱정이 든다. 결론은 통계적 분류가 어떻든 기술과 아이디어로 경쟁하는 기업의 사무실이나 연구소를 유치하자는 것이다. 그게 진짜 성장엔진이고 주어진 토지 면적에서 더 많은 부가가치와 일자리를 만들기 때문이다.

## 4. 회사 이름이나 업종이 아니라 사업장이 중요하다

### 부가가치 활동의 공간적 분리

이제 '부가가치 활동의 공간적 분리'에 대해 알아보자. '가치사슬의 공간적 분리'라는 표현도 고려할직 하다. 쉽게 말하면 기업 내부 활동이 여러 곳으로 흩어져 일어난다는 것이다. 1960년대 가발공장에서는 사장, 중간관리자, 경리, 여공, 공장, 사무실, 창고가 모두 한곳에 있었다. 하지만, 지금 현대자동차는 본사는 서울시 양재동에, 연구소는 경기도 화성 남양에, 공장은 울산, 아산, 전주, 그리고 해외에 있다. 즉, 사업장마다 하는 일이 다르며 공간적으로 분리되어 있다. 울산과 아산 공장에서 하는 일은 비슷하겠지만, 양재동과 울산, 화성에서 하는 일은 서로 다르다. 서울 본사에서는 당연히 기획, 전략, 재무, 마케팅 등의 일을 할 것이다.

인텔은 실리콘밸리 본사에서 R&D와 기획, 마케팅 활동을 하고 미국 서부지역 공장에서 칩을 생산한다. 그리고 인건비와 물류비용을 줄일 수 있는 세계 각국 공장에서 칩 테스트 및 패키징[57]을 하는 전략을 취하고 있다. 기업이 가치사슬의 적재적소를 찾아 사업장을 공간적으로 분리해서 배치하는 전략을 택하는 건 당연한 선택이다.

## 아이폰에서 제조 활동이 차지하는 비중

디지털트렌즈라는 곳에서 아이폰5 부품 비용뿐만 아니라 애플 내부에서 발생한 비용까지 추정한 자료를 내놨다. 애플은 아일랜드에 아이맥 조립공장이 있는데 지구상에 유일한 애

57 참고로 반도체 패키징은 일반적인 제품 포장이 아니라 반도체를 보호하기 위해 플라스틱 등 소재로 보호막을 씌우고 반도체 칩을 탑재시킬 기기에 맞는 형태로 만드는 공정을 말한다.

<표 8-1> 아이폰 5 비용 추정치

| 구분 | 비용 | 구분 | 비용 | 비율 |
|---|---|---|---|---|
| 제조 | $226.85 | 부품 | $191.85 | 29.50% |
| | | 패키징 | $7.00 | 1.10% |
| | | 제조(조립) | $8.00 | 1.20% |
| | | 라이선스 비용 | $20.00 | 3.10% |
| 운영비 | $61.18 | R&D | $18.85 | 9.40% |
| | | 기타 비용 (급여, 물류 등) | $42.33 | |
| 도소매 마진 | $68.90 | | | 10.60% |
| 이윤 | $293.06 | | | 45.10% |
| 소매가 | $649.99 | | | |

자료: Joshua Sherman, Spendy but indispensable: Breaking down the full $650 cost ofthe iPhone 5, Digital Trends, 2013.7.26.

플 공장이다. 애플은 그냥 직접 만드는 게 없다고 보면 된다. 애플은 단 하나의 아이폰 부품도 직접 만들지 않고 외부에서 구매하며 조립도 외국에 하청을 준다.

아이폰5 가격 $649.99에서 부품은 $191.85로 약 30%를 차지한다. 조립비용은 1.2%인 단 $8.00이다. 애플은 원체 디자인을 중시하는 회사여서 패키징에 신경을 많이 쓴다. 수백 개의 포장 상자 시제품을 만들어 실험한다고 한다. 그래서인지 패키징 비용은 조립비용과 맞먹는 $7.00이다. 참고로 패키징 비용은 단순히 포장 상자뿐만 아니라 전원 어댑터와 이어폰 등 소품 비용도 포함한다. 제조비용에 R&D를 포함한 운영비와 도소매 마진을 전체 비용으로 간주하면 이윤은 $293.06에 달한다. 제품가격에서 이윤이 차지하는 비율이 무려 45.1%다.

<그림 8-4> 폭스콘 공장 작업 현장

자료: iphonedigital, flickr, 2016.12.10., https://www.flickr.com/photos/iphonedigital/30750939633/

다소 극단적인 사례지만 여기서 시사점을 얻을 수 있다. 우선 앞서 말한 기업 내 서비스 활동의 증가다. 애플은 기획, 설계, 소프트웨어(운영체계) 개발, R&D, 공급체인 관리, 마케팅 등의 일을 하고 직접 뭘 만들지 않는다. 그래도 생산에 관여한 수많은 외부 부품업체와 아웃소싱업체보다 훨씬 많은 돈을 번다. 물건을 파는데 직접 만드는 게 없으니 제조업체라고 부르기 난감하다. 그러나 제품 기획이나 설계는 직접 하니 유통업체는 더더욱 아니다. 제조업과 서비스업의 경계는 이렇게 모호하다. 그리고 앞서 현대자동차와 인텔 사례와 마찬가지로 애플 역시 사업장이 공간적으로 분리되어 있고 거기서 하는 일이 다르다. 애플의 경우엔 부품과 최종 조립 공장이 다른 회사일 뿐이다.

조립비용을 다시 보자. 아이폰 조립은 폭스콘과 페가트론이라는 대만 기업이 중국에서 만든다. 그런데 그 비용이 달랑 제품가격의 1.2%인 $8.00다. 비즈니스 인사이더에 따르면 만일 미국에서 조립하다면 비용은 $65정도 될 거라고 한다. 아이폰 조립공장 회사 중 하나인 폭스콘은 질보다 양으로 승부하는 회사다. 직원이 수십만 명에 달하는 엄청나게 큰 회사다. 애플 제품 조립뿐만 아니라 PC 메인보드, 그래픽카드 제작 등 다른 일도 한다. 땅값과 인건비 고려하면 그럴 일은 없지만, 애플이 애플 이름을 내걸고 아이폰 조립공장을 송도에서 운영한다면 첨단산업을 유치했다고 박수치고 환영할 일인가?

기업의 명성, 최종생산품의 첨단기술집약도가 중요한 게 아니다. 지역에 유치한 '사업장'에서 무슨 일을 하느냐가 중요하다. 여건이 미치지 못하면 어쩔 수 없지만, 할 수 있다면 고부가가치 활동을 하는 사업장을 유치해야 한다. 돈 되는 일은 연구실이나 사무실에서 일어난다. 아이폰처럼 첨단산업제품이 아니면 공장에서 부가가치가 더 많이 나올 수 있지만 토지면적을 생각해보자. 땅 1평당 생산하는 부가가치를 감안하면 공장과 빌딩을 비교할 수 없다. 물론 그렇다고 모든 지역이 다 공장 대신 빌딩을 지어 기획과 R&D 사업장을 유치할 수는 없다. 고급인력의 정주여건과 집적효과를 기대할 수 있는 곳에서만 가능하다.

### 첨단산업의 핵심적인 공장이라면 송도에서 적합한가?

물론 공장이라고 다 같은 공장이 아니다. 〈그림 8-5〉를 보면 아이폰 부품에서 한국이 차지하는 비중이 아주 크다. 액정표시장치, 메모리, APU(PC의 CPU에 해당), 메모리반도체를 우리 기업이 만들었다. 다들 고부가가치제품이어서 이런 공장을 유치하는 것은 좋지만 송도가 그 장소로 적합한 곳은 아니다. 왜냐하면, 그러기에는 (조성원가가 아닌 실제) 땅값이 비싸고 남은 땅이 얼마 없기 때문이다. 삼성전자 평택캠퍼스는 면적이 87만 평인데 4개 라인의 반도체 공장이 들어갈 수 있다고 한다. 많은 부속 건물도 포함해서 공장 하나가 20만 평을 차지하니 땅값이 평당 수백만 원이나 되는 곳은 갈 수 없다.

송도에서 투자유치는 첨단사업이라는 이름이 중요한 게 아

<그림 8-5> 아이폰 4 부품 원산지 비교

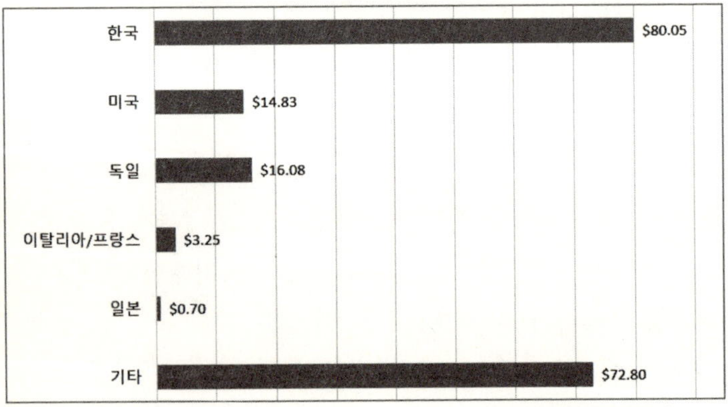


자료: iphonedigital, flickr, 2016.12.10., https://www.flickr.com/photos/iphonedigital/30750939633/

<그림 8-6> 삼성반도체 평택캠퍼스 1라인

자료: 삼성전자

니고 토지 단위면적당 부가가치와 일자리를 중시하는 전략으로 가야 한다. 반도체나 LCD 등 일부 첨단산업은 공장 규모가 엄청나다. 삼성반도체 평택공장은 공장 층수는 복층 구조의 2층에 불과하지만 층고가 높아 건물 높이가 80미터를 넘는다. 그런데 30조 원을 투자하는 삼성반도체 평택 2공장에 불과 3천 명이 근무할 예정이라고 한다. 많은 협력업체가 동반 입주할 테니 지역 전체의 고용효과는 훨씬 클 것으로 보이지만, 여기에 필요한 추가적인 부지를 고려하면 송도에서 가능한 방식은 아니다.

# 9

# 혁신에 유리한 환경을 알아보자

## 1. 똑똑한 사람 옆에 있어야 똑똑해진다

### 다른 사람의 장점을 알아본 스티브 잡스

기술과 아이디어가 특정 산업의 생산성을 빨리 올리면 생산성 향상이 더딘 다른 산업도 키운다는 점을 앞서 이야기했다. 새로운 기술과 아이디어가 어떤 환경에서 나오는지 살펴보자.

스티브 잡스Steve Jobs는 빌 페르난데스라는 친구와 함께 길을 가고 있었다. 페르난데스가 친구인 스티브 워즈니악Steve Wozniak이 세차하고 있는 걸 보고 잡스에게 소개해 주었다. 잡스와 워즈니악은 친구가 됐고, 이후 애플을 공동으로 창업했다. 잡스는 컴퓨터에 관심이 많았지만 프로그래밍이나 컴퓨터 하드웨어에 대해 잘 몰랐다. 대신 잡스는 사업가로서 감각이 뛰어났고 비전이 있었다. 반면에 워즈니악은 세상 물정에 어두웠지만 프로그래밍에 능했다. 둘이 그날 만나지 않았다면 평범한 삶을 살았을지도 모른다.

1979년 애플이 유명해지고 제록스Xerox가 관심을 보이자 스티브 잡스가 제안을 했다. 애플 주식 일부를 팔 테니 제록스 연구소Xerox Parc를 구경하게 해달라고 요구한 것이다. 마침 제록스의 연구소가 애플이 있는 팰로 알토Palo Alto에 있었다. 팰로 알토는 스탠퍼드대학 맞은편 지역으로 실리콘밸리의 출발점이다. 잡스는 제록스 연구소에 마우스와 GUI를 보고 흥분했다. GUI란 Graphic User Interface의 줄임말로 사용자가 컴퓨터와 정보를 교환할 때 텍스트가 아니라 그래픽을 통해 정보를 주고받는 인터페이스다. PC의 윈도우가 GUI다. 당시 컴퓨터는 마우스도 없이 키보드로 명령어를 입력하는 방식으로 작동하고 있었다.

잡스는 애플로 돌아와 마우스를 싸고 튼튼하게 만들라고 지시했다. 잡스는 또 애플의 컴퓨터 운영체제를 GUI로 만들도록 했다. 몇 년 후 개선된 GUI와 마우스가 있는 개인용 컴퓨터가 세상에 나왔는데 그게 매킨토시다.[58] 이를 계기로 애플은 역사가 됐다. 잡스는 나중에 제록스가 마우스와 GUI의 가치를 일찍 알았다면 IBM, 마이크로소프트, 제록스를 합친 것만큼 커졌을 거라고 말했다.

1985년 스티브 잡스는 창업자인데도 애플에서 쫓겨났다가 애플이 적자에 허덕이던 1997년에 복귀했다. 이후 아이맥, 아이팟, 아이폰을 성공시키며 망해가던 애플을 거대기업으로 키웠다. 이 성공의 배경에는 조너선 아이브Jonthan Ive라는 디자이너가 있다. 애플의 성공에는 뛰어난 디자인이 큰 몫을 했는데 대부분 아이브의 작품이었다. 잡스는 신제품 디자인을 자

58 1983년에 Apple Lisa를 출시했지만, 실질적인 성공은 1984년에 나온 매킨토시로 거뒀다.

신의 아이디어인 것처럼 설명하곤 했다. 이럴 때 상처를 받곤 했다고 아이브는 후일 토로했다. 하지만 아이브는 잡스가 다그치고 밀어주지 않았다면 자기 아이디어가 제품화되지 못했을 것이라고 말했다. 사실 잡스가 애플에 복귀했을 당시 아이브는 디자인을 중시하지 않는 CEO에 불만을 품고 회사를 그만둘 생각을 하고 있었다. 잡스가 자신의 가치를 알아줘서 둘 다 성공한 셈이다.

## 빌 게이츠 역시 남의 아이디어를 활용해 성공했다

1980년 IBM이 빌 게이츠에게 접근해 개인용 PC에 관해 자문을 구했다. 빌 게이츠는 게리 킬돌Gary Kildall이 쓴 CP/M이라는 운영체제를 쓰라고 권했다. IBM이 킬돌의 회사를 찾아갔지만 협상은 결렬되고 IBM은 다시 빌 게이츠를 찾았다. 마이크로소프트 공동 창업자인 폴 앨런Paul Allen이 팀 패터슨Tim Paterson을 떠올렸다. 팀 패터슨은 CP/M 매뉴얼을 보고 더 간단한 운영체제인 QDOS를 만든 사람이다.

마이크로소프트는 팀 패터슨이 일하는 회사를 접촉해 QDOS 저작권을 사들였다. 빌 게이츠는 PC 운영체제 중요성을 인식하고 IBM에 QDOS 사용권을 넘기면서도 QDOS 저작권을 유지했다. 애플이나 IBM의 개인용 컴퓨터는 운영체제가 처음부터 함께 묶여 있고 가격이 비쌌다. 가격이 싼 조립식 PC를 만드는 수많은 기업은 하드웨어만 만들 뿐 운영체제 선택은 시장이 알아서 결정할 일이었다. QDOS를 개선한 마이크로소프트의 MS-DOS가 PC의 운영체제를 사실상 독점하게 됐다. 이후 마이크로소프트 역시 거대기업이 됐다. 참고로 빌 게이츠, 게리 킬돌, 폴 앨런, 팀 패터슨 모두 시애틀 출신이다.

### 페이스북의 마크 저커버그

페이스북 창업자 마크 저커버그Mark Zuckerberg도 남의 아이디어를 훔쳤다는 의혹을 받고 있다. 이 전후 사정을 다룬 이야기가 영화로 만들어지기도 했다. 저커버그는 하버드대 재학 중 프로그래밍의 귀재로 유명했다. 같은 대학에 다니는 윙클보스Winklevoss 쌍둥이 형제 등 세 명이 저커버그를 찾아와 HarvardConnection이라는 소셜네트워킹 사이트의 프로그래밍을 부탁했다.

전임 프로그래머들이 코딩을 많이 진척시킨 상태에서 일을 맡은 저커버그는 금방 일을 끝낼 것처럼 하면서도 여러 차례 시간을 끌다 학교를 중퇴하고 실리콘밸리에 가서 페이스북을 창업했다. 저커버그가 아이디어를 훔쳤는지, 아니면 이미 비슷한 아이디어를 갖고 있는 상태에서 잠재적 경쟁자를 방해했는지는 분명치 않다. 하지만 페이스북이 유명해진 후 윙클보스 형제는 저커버그를 고소해 6천5백만 달러 상당의 주식과 돈을 받기로 합의했다. 의혹이 근거 없지는 않았던 모양이다.

## 구글과 오라클

구글 창업자 래리 페이지Larry Page는 스탠퍼드 대학에서 박사학위 논문을 준비하기 위해 준비한 약 10개의 아이디어를 가지고 지도교수 테리 위노그래드Terry Winograd를 찾아갔다. 그중 하나가 웹사이트 연결 구조를 분석하는 것이었다. 위노그래드는 그 아이디어를 콕 찍어 "이게 진짜 좋은 아이디어 같다"며 논문 주제로 권했다. 래리 페이지는 대학친구인 세르게인 브린Sergey Brin과 함께 그 아이디어를 발전시켜 학교를 그만 두고 새로운 검색엔진인 구글을 만들었다.

오라클이라는 글로벌 IT기업이 있다. 매출 규모 세계 2위 소프트웨어 회사인데 데이터베이스로 유명하다. 오라클 창업자인 래리 엘리슨Larry Ellison은 직장생활을 하다 CIA를 위한 데이터베이스를 만드는 프로젝트에 참여하게 됐다. 이 프로젝트를 하면서 SQL이라는 데이터베이스 프로그래밍 언어를 다룬 논문을 읽으며 깊은 인상을 받고, 회사를 나온 후 오라클(의 전신)을 창업했다. 래리 엘리슨은 SQL을 오라클 데이터베이스로 바꿨다.

## 똑똑한 사람들이 모이게 해야 한다.

이상의 이야기는 IT에 관심 있는 사람들에겐 널리 알려져 있다. 관계가 꼭 우호적이진 않았다 하더라도 거리상 가까이 있던 사람에게서 아이디어나 조언을 얻은 경우가 많고, 타인의 아이디어와 기술을 개선해 성공한 사례가 많다. 남들이 지나치던 가치와 기회를 먼저 알아본 게 성공으로 이어진 점도 눈에 띈다. 이런 사례가 주는 교훈은 '혁신은 똑똑한 사람들의 상호 교류에서 일어나고, 상호 교류를 위해선 서로 가까이 있는 게 중요하다'는 것이다. 이런 현상을 다룬 글을 읽다 보면 다른 똑똑한 사람 옆에 있어서 똑똑해 진다Getting smart by being around other smart people라는 표현을 접하게 된다.

신기술, 새로운 아이디어, 창조경제라는 말을 자주 듣는다. 하지만, 새로운 아이디어와 혁신은 골방이나 산중에서 혼자 연구에 골몰하는 사람들에게서 나오지 않는다. 제록스는 기술이 있었지만, 그 기술의 가치는 스티브 잡스가 먼저 알아봤다. 빌 게이츠 역시 주인이 따로 없는 PC 운영체제의 중요성을 알아 성공했다. 반면에 IBM은 개인용 컴퓨터 시장이 그렇게 빨리 커질 줄 몰랐고, 게리 킬돌도 마찬가지였다. 윙클보스 형제는 보스턴 지역 대학생을 대상으로 한 소셜네트워킹을 구상했지만, 저커버그는 과감히 실리콘밸리로 가서 전 세계를 상대로 하는 서비스를 만들었다.

창의적인 아이디어는 타인과의 교류에서 나올 때가 많다. 똑똑한 인재들이 서로 가까이 모여 있는 곳이 혁신에 유리한 환경이다. 실리콘밸리가 그런 곳인데 실리콘밸리를 복제하는 것은 불가능하다고 하지만 유사한 환경은 만들 수 있다. 이미 우리나라 판교테크노밸리도 그럼 조짐을 보인다. 송도가 앞서나갈 기회가 있었는데 기회가 사라지기 전에 대처했으면 좋겠다.

## 2. 집적이 혁신을 이끈다

### 집적의 경제와 도시의 효율성

집적의 경제란 경제활동이 모여서 일어날 때 발생하는 편익을 말한다. 도시가 존재하는 이유이기도 하다. 선진국에선 인구의 80% 이상이 도시에 산다. 즉 도시화율이 80%다. 세계 평균 도시화율은 50% 정도 된다. 도시화율 50% 이상 국가 1인당 소득은 50% 이하 국가의 다섯 배다. 미국은 국토 면적

3%에서 GDP의 90%가 만들어진다. 효율적인 생산엔 도시가 필수적이기 때문이다.

협업과 분업, 전문화의 장점은 모르는 사람이 없다. 모든 사람이 전국에 고루 흩어져 살면서 협업과 분업을 할 수 있는지 생각해 보면 집적의 경제가 쉽게 이해된다. 전문화도 도시에서 수월하다. 다양한 사람과 기업이 있기 때문에 전문화가 쉽다. 인구 1만 명 도시에서 천 명 중 한 명만 찾는 물건을 팔면 고객이 열 명밖에 안 된다. 인구 천만 명 도시에는 고객이 만 명이다. 모이면 생산요소를 공유하는 장점도 있다. 중국 선전深川은 IT 제조업의 세계적 메카다. 다양한 부품업체가 대량으로 부품을 생산하기 때문에 생산비가 적게 든다. 그 부품을 사용해 완제품을 만드는 회사가 덕을 본다. 수요처와 공급처가 몰려 있으니 서로 편하다. 인력풀을 공유하는 것도 집적의 큰 장점이다. 기업은 필요한 사람을 찾기 쉽고, 노동자는 여러 직장이 있어서 구직이나 전직이 쉽다.

## 집적의 경제와 지식의 확산

집적의 경제는 여러 가지가 있다. 그중 하나가 현대 경제에서 갈수록 중요해지는 지식의 확산이다. 지식기반경제에선 지식이 중요한 것은 자명한 사실이다. 사람이 많이 모인 곳에서는 지식의 전파가 쉽다. 명시적 지식은 학교나 책, 논문, 회의, 세미나 등을 통해서 많이 전해진다. 하지만, 암묵적 지식은 비공식적 접촉을 통해 전달될 때가 많다. 훌륭한 아이디어는 공식회의가 아니라 편하게 이야기를 나누다 나올 때가 많다는 주장도 있다.

예전에 실리콘밸리를 방문해 들은 이야기가 있다. 실리콘밸리에서 일 년에 2만 건 정도의 콘퍼런스가 열린다고 한다. 물론 호텔 회의장에서 100명 넘는 인원이 참석하는 행사뿐만 아니라 10여 명이 모여서 하는 작은 콘퍼런스도 포함한 수치다. 비교적 큰 어느 콘퍼런스가 열리면 아무래도 관심사가 비슷한 사람들이 모여들게 된다. 거기서 알게 된 사람들 일부가 상호학습과 아이디어 교환을 위한 토론 모임을 만들고 뜻이 맞으면 회사를 나와 스타트업을 창업한다고 한다. 가까운 거리에 있어 의견교환을 쉽게 할 수 있어서 가능한 일이다.

## 거리가 가까워야 혁신이 쉽다

앞서 똑똑한 사람들끼리 만나서 의견을 나누다 혁신적인 아이디어를 얻는다고 말했다. 그런데 그런 만남 또는 상호학습, 아이디어 베껴서 개선하기, 의기투합이 일어나려면 거리가 가까울수록 유리하다. 어느 학자가 공저논문의 피인용 수와 공저자 간의 거리를 분석했다. 공저자 간의 거리가 가까울수록 피인용 수가 많았다고 한다. 반드시 그런 것은 아니지만 전화와 이메일이 있어도 가까이 있어야 더 자주 보고 토론도 자주 해서 논문 질도 좋아진다.

실리콘밸리에는 '20분 규칙20 minute rule'이라는 것이 있다. 벤처캐피털리스트는 자신이 자동차로 20분 안에 갈 수 있는 스타트업에 투자한다는 것이다. 미국 벤처캐피털리스트는 벤처기업가 출신이 많다. 벤처기업을 창업하고 키워서 큰 기업에 팔고 그 돈으로 벤처기업에 투자한다. 기술과 시장에 대한 이해도가 높고 경영 경험도 있다. 투자 대상 기업을 고를 때 직접 방문해서 여러 가지를 점검한다. 투자한 이후, 특히 초기에는 투자한 기업에 자주 자문을 하고 직접 상황을 살핀다. 이러니 먼 곳에 투자하기 어렵다. 실리콘밸리에서 성공한 대형 벤처캐피털 중엔 중국이나 인도에 투자하는 경우도 있지만, 현지에 지사를 두고 한다. 20분 규칙은 가까운 기업에 투자를 많이 하는 벤처캐피털의 경향을 가리킬 뿐이어서 예외도 많다. 하지만, 아직도 벤처캐피털 대다수가 가까운 곳에 있는 스타트업을 좋아한다.

뉴욕타임스는 거리가 투자에 미치는 영향을 소개하면서 "네가 아는 사람이 아니라, 네가 어디 있느냐It's Not the People You Know. It's Where You Are."가 중요하다는 제목을 달았다. 그러나 정답은 둘 다 중요하다는 것이다. 그런데 '어디 있느냐'가 '누구를 알게 되느냐'에 큰 영향을 미친다. 반복하자면 모여야 상호 교류를 통해서 혁신이 일어나기 쉽다. 한때 유행했던 혁신클러스터라는 말이 괜히 나온 것이 아니다. 클러스터cluster란 포도송이처럼 뭉쳐있는 것 또는 모여있는 것을 의미한다. 혁신클러스터는 공간적 집적을 빼면 성립하지 않는 개념이다. 송도는 혁신클러스터로서 가능성이 있는 곳이다. 공장 위주 산업단지가 아니라 지식기반서비스업 집적지 내지는 연구개발단지로 만들었어야 했다. 연동개발을 하지 않고 거둔 개발이익으로 초기 입주기업을 지원했으면, 지금은 땅값을 비싸게 받고도 기업유치가 가능했을 것이다.

## 산업별로 집적 의존도가 다르다

집적이 중요하긴 하지만 선호하는 집적 수준은 산업 또는 업종마다 다르다. 금융, 보험, 회계, 컨설팅 등 비즈니스서비스업과 기획, 재무, 마케팅 등 기업 본사 기능은 대도시 중심부에 집적하는 경향이 강하다. 이런 업종이 집적 의존도가 가장 높다. 부동산 업체들은 도심권(종로, 을지로, 광화문), 여의도권, 강남권을 서울의 3대 업무권역으로 분류한다. 업무용빌딩이 몰려있는 곳인데 송도를 이런 곳으로 만드는 건 불가능하지 않지만 매우 어렵고 오랜 시간이 걸리는 일이다. 공장도 집적이 유리하긴 하지만 상대적으로 집적 의존도가 낮다. 대도시에 입지하기 어렵고, 도시에 있더라도 시간이 지나면 외곽으로 이전한다. 하지만 공해를 유발하지 않고 작은 공간이 필요한 도시형 제조업은 도심권을 벗어난 도시 안에 자리 잡을 수 있다. 지식산업센터가 그 예다. 기술집약적인 지식기반 서비스업은 업무권역과 공업지역 사이에 있다. 판교테크노밸리나 마곡R&D산업단지를 예로 들 수 있다.

집적의존도 차이는 어디에서 기인하는 걸까? 땅을 이용하는 방식과 지가에 대응하는 방식이 달라서 그렇다. 농업은 넓은 땅을 평면적으로 쓰고 토지의 단위면적당 생산하는 부가가치가 낮다. 그러니 땅값이 싼 곳을 농지로 쓸 수밖에 없다. 다수 제조업, 특히 양산형 제조업(달리 말하면 큰 공장)은 농업보다 낮지만 토지를 평면적으로 사용할 수밖에 없다. 건물이 높아도 보통 2~3층이다. 따라서 제아무리 첨단제조업이라도 땅값이 비싼 곳에서 사업을 할 수 없다. 아니 그럴 필요가 없다는 게 더 정확한 표현이다.

비즈니스서비스업과 기획 등의 업무는 고층빌딩에서 가능하므로 비싼 땅값에 대처할 수 있다. 경제활동의 집적 강도가 높을수록 땅값이 올라간다. 그러면 건물을 더 높이 지어 대처해야 하는데 고층일수록 단위면적당 공사비가 올라가서 임대료 등 공간을 확보하는 비용이 커지지만 집적 의존도가 높은 기업은 그렇게 한다.

집적의존도에서 연구개발 또는 기술집약적 지식기반서비스업은 공장과 은행 본점의 중간에 위치한다. 이런 기업은 땅값에 따라 저층에서도 고층에서도 업무가 가능하지만 굳이 도심권 비싼 임대료를 부담할 필요까지는 없다. 하지만 연관업체가 많고 해당 산업의 전문인력을 쉽게 구할 수 있는 곳을 선호하므로 도심을 벗어났지만 도심에 가까운 곳에서 적당한 높이의 빌딩에 자리를 잡는다.

송도는 공장을 끌고 오기에는 아까운 땅이고, 대기업 본사, 은행 본점, 대형 법무법인 등을 끌어 오기엔 힘든 곳이다. 그런데 전자를 위해서 조성원가에 땅을 주고 개발이익과 도시의 기회를 낭비했다. 후자를 위해서 땅을 싸게 주고 연동개발을 했지만 실패했다. 지금부터라도 송도에 어울리는 기업, 정확히 말하자면 송도에 적합한 R&D 중심의 사업장을 유치해야 한다.

# 10

# 일자리 중심의 연구개발단지가 정답이다

## 1. 판교테크노밸리와 마곡R&D산업단지

### 벤처기업의 메카 서울디지털산업단지

앞서 R&D와 아이디어가 경제성장을 견인하고, R&D와 아이디어는 집적이 이루어진 곳에서 활성화된다는 이야기를 길게 했다. 송도를 R&D 중심의 중고밀 혁신클러스터로 만들어야 한다고 설명하기 위해서였다. 그런데 여러 이론을 동원해 길게 설명하면 참고 들어줄 사람이 별로 없다. 이럴 때는 사례를 드는 것이 좋다.

필자는 한때 서울디지털산업단지를 비교 대상으로 삼곤 했다. 한국산업단지공단(2018)의 '전국산업단지 현황통계'에 따르면 서울디지털산업단지에는 2017년 12월 현재 10,103개 업체에서 151,301명이 일하고 있다. 이곳은 예전 구로공단이 벤처기업과 소규모 IT기업 집적지로 변한 곳으로 면적은 약 58만 평이다.

부동산 114에 따르면 2017년 말 기준 112개 지식산업센터가 있다고 한다. 지금도 공장이 떠난 부지가 남아 있어 계속 지식산업센터가 건립되고 있다. IT 중소기업들이 테헤란밸리의 비싼 임대료를 피해 이전한 것이 집적의 중요한 계기가 되었다. 일반적으로 산업단지에 입주할 수 없는 의류판매

<그림 10-1> 서울디지털산업단지

자료: 서울시

장이 많은 것도 특징이라면 특징이다. 구로공단 시절에 의류 및 섬유업체가 많았던 곳이어서 외환위기 때 정부가 예외를 인정해 주었기 때문이다.

서울디지털산업단지는 규모도 크고 한국의 벤처기업 메카라고 할 수 있다. 과거 공단 사유지를 그대로 재개발하면서 지식산업센터를 지었다. 공공용지 확보를 제대로 하지 못해 기반시설과 편의시설이 부족하다. 도로, 공원 등 공공용지가 송도는 절반가량이지만 서울디지털산업단지는 약 18%에 불과하다. 교통체증이 심하고 녹지가 없으며 문화시설도 취약하다. 한동안 주변에 변변한 호텔 하나 없었다.

그래도 수많은 기업이 입주해 있어 집적효과가 크고 전국 국가산업단지 중 R&D 인력 비중이 제일 크다. 외곽이긴 하지만 서울에 있기 때문에 입지에 큰 장점이 있다. 집적은 집적의 경제를 낳고 집적의 경제는 다시 집적을 유도한다. 이미 집적이 엄청나게 진척된 점은 서울디지털산업단지의 또 다른 장점이다. 하지만 서울디지털산업단지는 대기업과 중견기업이 많지 않고 기반시설이 부족하며 쾌적성이 낮다.

송도는 서울에서 좀 멀지만 작은 비용으로 쾌적한 환경에서 일할 기회를 제공할 수 있다. 그래서 송도도 경쟁력이 있다고 봤다. 그런데 비교 대상이 변했다. 판교테크노밸리가 빠른 속도로 조성돼서 벤치마킹에 더 적절한 곳으로 부상했기 때문이다.

### 경기도의 뚝심과 판교테크노밸리의 성공

판교테크노밸리는 정부 협의를 거쳐 경기도가 주도적으로 조성한 IT, BT, CT, NT 및 융합기술 중심 연구개발단지다. 2017년 말 기준 1,270개 기업에서 62,575명이 일하고 있고, 입주기업 매출액은 79조3,200억 원이다. 서울디지털산업단지와 달리 대기업과 중견기업이 많은 편이다. 주요 기업으로는 한화테크윈, 삼성중공업, LIG넥스원, NHN, 안철수연구소, 카카오, 넥슨, NC소프트 등이 있다. 물론 중소기업은 규모가 작고 수가 많은 게 정상이라 수치상 비중은 중소기업이 87%에 달

<그림 10-2> 판교테크노밸리 전경

자료: 판교테크노밸리

한다. 업종별로는 IT업체의 비중이 68%로 제일 크고 BT업체의 비중은 12%다. CT는 문화산업기술업을 의미하는데 게임업체가 주를 이룬다. 한국의 큰 게임업체는 거의 판교에 있다고 해도 과장이 아니다.

1990년대 후반 경기도와 성남시가 첨단산업의 연구개발과 벤처기업의 집적이 이루어진 지식산업복합 신도시를 구상했다. 이어서 2001년에 판교신도시 개발이 결정되자 경기도는 60만 평의 친환경적인 벤처단지를 조성해야 한다고 주장했다. 택지개발을 우선하고 벤처단지 면적을 10만 평으로 제한하려는 건교부 의견과 맞섰다. 결국, 정부는 판교에 20만 평의 벤처단지를 조성하기로 했다. 이 결정에는 60만 평 벤처단지를 강력하게 주장한 경기도와 손학규 지사 역할이 컸다.

<표 10-1> 판교테크노밸리 입주기업 현황

| 구분 | | 2013년 | 2017년 |
|---|---|---|---|
| 임직원 수 | | 58,188명 | 62,575명 |
| 매출액 | | 54.0조원 | 79.3조원 |
| 기업 규모 | 대기업 | 24 | 45 |
| | 중견기업 | 64 | 82 |
| | 중소기업 | 767 | 1,101 |
| | 기타 | 15 | 42 |
| | 합계 | 870 | 1,270 |

| 업종현황 | | |
|---|---|---|
| 구분 | 2017년 | 점유율 |
| IT | 865 | 68% |
| BT | 150 | 12% |
| CT | 158 | 12% |
| NT | 17 | 1% |
| 기타 | 80 | 6% |
| 합계 | 1,270 | 100% |

자료: 판교테크노밸리, http://www.pangyotechnovalley.org

경기도가 한국토지공사로부터 토지를 매입해서 분양했다. 2006년 기공식을 거쳐 사업자를 선정한 후 2007년부터 입주기업 건축공사가 시작됐다. 판교는 강남 및 분당과 가깝고 주거 환경이 양호해 개발 초기부터 입주희망 기업이 많았다. 고층건물이 많은 서울디지털산업단지와 달리 주변 서울공항 때문에 고도제한이 있어 건물은 대부분 10층 내외다. 그래서 단지 건물의 스카이라인이 단조롭다는 아쉬움이 있다. 마곡 R&D산업단지도 김포공항 인근이어서 고도제한이 있어 건물의 층고가 높지 않다.

판교는 개발이익 전액이 교통대책비로 투입돼야 한다는 개발 조건이 있었다. 그 때문에 분양가 이하 토지 공급이 어려워 용도별로 차등적 토지공급 방식을 택했다. 2005년 기준 판교신도시 조성원가는 약 738만 원/평이었다.[59] 전체 면적은

**59** 이후 743만 원/평으로 인상됐다.

<그림 10-3> 판교테크노밸리 건물 모습

자료: 판교테크노밸리

<표 10-2> 용지별 공급 방식 및 가격

| 공급용도 | 면적(천 평) | 공급방식 | 가격수준 | 평균 공급가격 |
|---|---|---|---|---|
| 초청연구용지 | 14.5 | 수의계약 | 조성원가 또는 감정가 | 729만 원/평 |
| 일반연구용지 | 80.8 | 사업계획 평가 | 감정가 | 902만 원/평 |
| 연구지원용지 | 35.7 | 사업계획 평가 가격평가 | 감정가 또는 낙찰가 | 1,290만 원/평 |
| 주차장, 녹지, 도로 | 69 | | | |
| 계 | 200 | | | |

자료: 경기도(2006), '판교테크노밸리 용지공급 지침서' 재구성

20만 평이지만 실제 기업과 지원시설이 들어서는 면적은 13만 평이다. 전체 용지의 평균 공급가격은 952만 원/평이었다. 가장 흔한 일반연구용지 기준으로 보면 감정가로 평균 900만 원/평 수준에 공급됐다.

기업 단독으로 또는 컨소시엄을 구성해 분양을 신청하면 심사를 거쳐 필지별로 토지를 공급했다. 분양받은 후엔 빌딩을 지어 단독 사옥으로 쓰거나 여유 공간을 임대하는 방식으로 사업이 이루어졌다. 이런 임대공간 때문에, 개별필지를 분양받을 만큼 크지 않은 중소기업도 입주할 수 있었다. 판교는 필지별로 토지를 공급해도 체계적으로 빨리 개발이 진행됐다.

### 경기도 곳곳에 만들어지는 테크노밸리

서울디지털산업단지는 규모가 크고 위치도 좋지만 기반시설이 부족하다. 송도는 위치가 다소 불리하지만 환경이 좋기 때문에 혁신클러스터로 개발한다면 성공할 수 있다고 봤다. 그런데 위치뿐만 아니라 환경까지 뛰어난 판교테크노밸리가 부상하기 시작했다. 송도도 일찍 유사한 선택을 했으면 좋았을 거라는 아쉬움이 드는 한편 송도의 가능성은 아직 충분하다고 판단했다. 판교테크노밸리는 기업 입주면적이 13만 평에 불과해 확장성에 한계가 있었기 때문이다. 반면 송도는 11공구에 50만 평 가까운 산업·연구용지가 있어서 확장성에 강점이 있다.

하지만 그런 기대는 판교지역에 추가로 개발할 수 있는 부

<표 10-3> 개발 예정 경기도 테크노밸리

| | 천㎡ | 천 평 | 착공(예정) |
|---|---|---|---|
| 판교 제2테크노밸리 | 430 | 130 | 2015~ |
| 판교 제3테크노밸리 | 1,670 | 505 | 2020~ |
| 광명·시흥테크노밸리[a)] | 1,469 | 444 | 2019~ |
| 일산테크노밸리 | 800 | 242 | 2019~ |
| 양주테크노밸리 | 555 | 168 | 2022~ |
| 구리·남양주테크노밸리 | 292 | 88 | 2023~ |
| 계 | 5,216 | 1,578 | |

지가 있는지 몰라서 생긴 판단 착오였다. 사실 위성지도를 보면 판교에서 추가로 개발할 만한 땅을 찾기 힘들다. 그러나 정부와 경기도는 도로공사 이전 부지를 활용하고 그린벨트를 해제해 추가 부지를 만들었다. 판교테크노밸리의 성공에 고무된 정부와 경기도가 판교 제2테크노밸리 개발계획을 발표하고 2015년 착공에 들어갔다. 이후 경기도는 우후죽순으로 테크노밸리 개발계획을 내놓고 있다.

현재 예정 중인 테크노밸리는 무려 6곳이나 된다(〈표 10-3〉). 개발 중이거나 개발 예정인 면적을 모두 합하면 무려 158만 평에 달한다. 서울에서 멀고 정주여건이 미흡할수록, 연구개발보다 제조활동의 비중이 커지는 게 일반적이다. 위치와 주변 여건을 고려하면, 개발 예정인 6개 테크노밸리 중에 판교와 광명·시흥, 일산 지역 4개 테크노밸리가 연구개발단지로서 송도혁신클러스터와 경쟁 관계에 놓일 것으로 보인다.

## 서울시에서 조성 중인 마곡R&D산업단지

경기도에서 개발 중이거나 개발 예정인 테크노밸리보다 인상적인 연구개발단지는 서울시 마곡R&D산업단지다. 마곡신도시와 함께 개발됐다. 김포공항이 가까이 있고 여의도 공원의 두 배가 넘는 대형공원이 조성 중이어서 여건이 좋다. 완성되면 무려 165,000명이 일하게 된다. 판교 제3테크노밸리가 완성되면 판교 3개 연구단지에서 15만 명이 일하게 된다고 하니 비슷한 규모다. 하지만 개발 진도를 고려하면 마곡R&D산업단지가 먼저 15만 명을 돌파하게 될 것 같다.

마곡R&D산업단지는 이미 2016년에 기반시설 조성이 끝났고 이전에 건물을 짓기 시작한 기업도 많아, 현재 다수 기업이 입주했거나 입주를 준비 중이다. 주요 대기업으로는 LG, 롯데, 코오롱, 이랜드, S-OIL, 대우조선해양, 넥센타이어 등이 있다. 특히 LG는 약 22,000명의 연구인력이 LG사이언스파크라

<표 10-4> 마곡R&D산업단지 개요

| 구분 | 내용 |
|---|---|
| 전체 면적 | 111만㎡ (33만5천 평) |
| 산업용지 면적 | 81만㎡ (24만5천 평), 지원시설용지 포함 |
| 입주업종 | R&D, IT, BT, NT, 융복합산업 |
| 용적률 | 350% |
| 개발기한 | 계약 후 2년 내 착공, 계약 후 5년 내 완공 |
| 공급가격 | 조성원가 (1,071만 원/평) |
| 입주조건 | 건축연면적의 50% 이상 연구시설 용도 (중소기업 40%) |

자료: 서울시·SH공사, 서울 마곡 R&D 산업단지 투자안내, 2015

<그림 10-4> 마곡 LG사이언스파크 조감도

자료: LG디스플레이 블로그 디스퀘어

는 이름의 그룹 연구단지에서 일할 예정이다. 2018년 1월 현재 연구인력 약 12,000명이 근무 중이다.

마곡R&D산업단지는 일반산업단지로 지정됐기 때문에 조성원가로 용지를 공급한다. 산업단지지만 제조업은 허용되지 않고, 조성원가는 1,071만 원/평이다. 토지 공급가격이 높아 보일 수 있지만 산업단지 바로 옆 업무용 토지가 최근 평당 4천만 원에 팔린 점을 고려하면 저렴한 가격이다. 분양 당시 주변 준공업지역 시세는 1,500만 원/평 수준이었다고 한다. 마곡R&D산업단지는 필지별로 분양했지만 넓은 부지가 필요한 기업은 여러 필지를 묶어서 살 수 있도록 했다.

비교적 큰 필지별로 용지를 팔다보니 규모가 작은 벤처기업 또는 창업기업은 실질적으로 입주할 수 없는 문제가 있다. 평당 천만 원을 주고 산 비싼 땅에 연면적 50평 규모 건물을 지을 수는 없기 때문이다. 판교테크노밸리와 달리 임대 공간도 없다. 하지만 입주 후 5년이 지나면 임대 제한이 풀리니 나중엔 벤처기업도 입성할 수 있다. 서울시도 소규모기업의 입주가 어려운 현실을 모를 리 없다. 그래서 서울시는 1천여 개 강소기업이 입주할 수 있는 17개 시설을 건립할 계획이다. 남은 부지 중 절반 규모에 해당하는 11만795㎡에는 특허·법률·마케팅 등 비즈니스 지원시설인 공공지원센터, 강소기업 전용 입주공간 'R&D 센터' 15개, 산·학·연 기술혁신 거점 'M-융합캠퍼스'가 조성된다.

판교와 마곡의 연구개발단지는 연구 중심이라고 하지만 일반 사무실 기능도 겸하고 있다고 봐야한다. 사실 R&D와 다른 업무기능이 공간적으로 엄격히 분리되어야 하는 것도 아니고 벤처기업이나 기술기업에겐 업무상 그 경계가 모호하기 때문이다. 마곡의 경우엔 업무공간 절반 이상을 R&D 공간으로 사용하도록 하는 규정이 있긴 하다.

## 2. 지식기반서비스업이 일자리를 만든다

### 건물의 형태와 일자리

신기술과 새로운 아이디어가 생산성 향상을 유발해 해당 산업뿐만 아니라 다른 산업 임금을 올리고 수요도 늘려 경제 전반의 성장을 견인한다. R&D 클러스터가 그 환경을 제공한다. 삼성전자 같은 거대기업도 이미 하나의 클러스터라고 할 수 있다. 다만 많은 기업이 집적한 곳과 달리 소통이 개방적이고 수평적인지는 별개 문제다. 대기업은 파괴적disruptive 혁신에 약하다는 견해가 있다. 경기도와 서울의 움직임을 보니 굳이 인천에서 나서지 않아도 우리나라 연구개발단지가 부족하지는 않을 듯하다. 그래도 송도에 공장 대신 지식기반서비스 사업장을 유치해야 하고 빌딩을 지어서 R&D단지를 만들어야 하는 이유가 있다. 일자리 때문이다.

얼핏 생각하면 단위면적당 일자리 수보다 일자리 총량이 중요하다고 볼 수 있다. 주변이 논밭이나 임야라 개발할 수 있는 토지가 많고 땅값이 싼 지방은 큰 공장을 유치해 일자리를 만드는 게 좋다. 하지만, 수도권 대도시에서는 그런 선택을 할 수 없다. 토지가 한정돼 있는 만큼 단위면적당 고용효과가 큰 기업을 유치해야 한다. 즉 일자리 총량이 중요하지만 토지

가용면적에 한계가 있으므로 단위면적당 일자리 수를 늘리지 않고서는 일자리 총량을 늘리기 어렵다.

단위면적당 고용효과가 큰 업종은 제조업이 아니라 빌딩에 입주가 가능한 업무나 R&D다. 송도에서 업무기능은 아직 한계가 있으므로 중고층 건물을 지어 R&D클러스터를 만들어야 한다. 최근에 여러 법무법인이 판교테크노밸리 인근에 분사무소를 설치하고 있다. 이처럼 R&D클러스터가 조성되면 업무기능 유치에도 도움이 된다.

## 일자리가 적은 공장에 공짜로 땅을 주고 기뻐한 인천시

삼성은 애초 기흥 삼성반도체 공장 인근에 바이오시밀러 공장을 지으려고 했다. 하지만 인천시와 협의 후 송도로 계획을 변경했다. 서울 및 인천공항과 가깝고 정주여건이 좋은데 땅을 무상으로 임대하니 거절할 이유가 없었다. 2011년 초 삼성이 송도에서 바이오사업을 하겠다고 발표했을 때 마침 인천시 관계자들과 같이 있었다. 인천시 국장급 공무원들이 시장님이 큰일을 해냈다고 좋아하던 모습이 눈에 선하다. 지역 언론도 환영 일색이었다.

하지만 필자는 걱정이 앞섰다. 우선 '8만3,000평, 50년 무상임대'가 마음에 걸렸다. 사실상 공짜로 땅을 준 것이다. 지

<그림 10-5> 수원 소재 삼성디지털시티 사업장

자료: 삼성전자 홈페이지

역경제에 큰 도움을 준다면 무상임대 아니라 거기에 더해 보조금을 줘도 된다. 수원에 있는 삼성디지털시티에는 25~37층에 달하는 고층 연구동이 몇 개 있는데 건물 하나에 5천~1만 명의 고급인력이 근무한다. 그런 시설이 온다면 공짜 땅에 덧붙여 돈을 보태줘도 된다고 본다. 건물이 위로 올라가니 많은 땅이 필요하지도 않다. 그런데 저가 또는 무상으로 공장을 유치하면 필요한 시설보다 더 많은 면적을 요구하게 된다. 땅을 놀리지 않아도 널찍하게 비효율적으로 쓴다는 것이다.

바이오시밀러 산업이 첨단 유망업종인 건 맞는다. 하지만 공장만 보면 장치산업에 해당하기 때문에 공장 규모가 커도 사람을 적게 쓴다. 대형 석유화학단지도 마찬가지여서 기업 규모에 비교해 고용 인력이 적다. 송도 땅의 가치 즉 기회비용을 고려하면 오히려 걱정이 앞섰지만 기뻐하는 사람들 앞에서 찬물을 끼얹을 수 없었다. 삼성바이오로직스가 인천으로 온다면 토지의 기회비용이 낮은 인천공항 자유무역지역이 더 적합했을 법하다.

## 송도, 판교, 마곡의 일자리 비교

삼성바이오로직스는 8만3,000평에서 2,107명이 일하고 있다. 3공장이 본격 가동되면 2,500명 정도가 일하게 될 듯하다. 반면, 판교테크노밸리에서는 13만 평에서 6만2,575명이 일하고 있다. 판교가 땅은 1.56배인데 일자리는 35배다. 삼성바이오로직스와 같은 단위 면적으로 환산해서 고용 규모를 비교

<표 10-5> 송도 제조업체와 서울·경기 연구단지 비교

| | 분양면적 (만 평) | 분양가 (만 원/평) | 기업 | 고용 (명) | 고용 (명/만평) | 비고 |
|---|---|---|---|---|---|---|
| 판교테크노밸리 | 13 | 900~1,300 | 1,376 | 62,575 | 4,813 | 2017 |
| 마곡R&D산업단지 | 24 | 1,071 | | 165,000 | 6,875 | 조성 중 |
| LG사이언스파크 | 5.3 | 1,071 | 1 | 22,000 | 4,151 | 2020년 |
| 셀트리온 | 5.8 | 51~82 | 1 | 1,583[a)] | 273 | 2018.06. |
| 삼성바이오로직스 | 8.3 | 무상임대 | 1 | 2,107 | 254 | 2018.06. |
| 삼성바이오에피스 | 1.3 | 213 | 1 | 801 | 616 | 2017.12. |
| 앰코테크놀로지 | 5.6 | 156 | 1 | 약 1,000[b)] | 179 | 2017.12. |
| 디엠바이오 | 4.4 | 156 | 1 | 109[c)] | 25 | 2017.12 |

a): 셀트리온헬스케어 포함
b), c): 아직 계획된 투자의 일부만 집행된 상태

해 보자. 판교테크노밸리 일자리가 19배다. 완료 시점 기준 마곡R&D산업단지에서 27배 인력이 일하게 된다. 고도제한 때문에 판교와 마곡의 용적률이 그다지 높은 편이 아닌데도 단위면적당 고용규모에서 송도와 큰 차이가 난다.

송도 11공구 산업·연구용지는 삼성바이오로직스 같은 회사 5~6개가 들어오면 꽉 찬다. 그런데 그래 봐야 만여 명이 일하는 데 그치게 된다. 인구 300만 명의 도시에서 만여 개의 일자리를 얻기 위해 송도 11공구를 다 쓴다면 비용이 너무 크다. 개발계획 변경이 진행 중이어서 앞으로 면적이 늘어나겠지만, 기존계획에 따르면 송도 11공구 산업연구용지는 약 46만 평이다. 주거·상업용지로 팔면 수조 원의 개발이익을 거둘 수 있고 R&D단지로 개발하면 마곡R&D산업단지 기준으로 약 30만 명이 일할 수 있는 면적이다. 이런 곳에서 만여 명이 일하게 된다면 얼마나 아쉬운 일인가.

### 집적의 힘 그리고 입체적인 도시공간

집적이 강화되면 땅값이 올라가고, 땅값이 높으면 건물 높이를 올려서 대처하는 게 경제원리다. 〈그림 10-6〉 뉴욕 맨해튼 지도 중 가운데 따로 색칠된 부분이 맨해튼의 중심업무지역으로 유명한 엠파이어스테이트 빌딩을 비롯한 고층빌딩이

<그림 10-6> 뉴욕 맨해튼 중심가의 경제적 집적

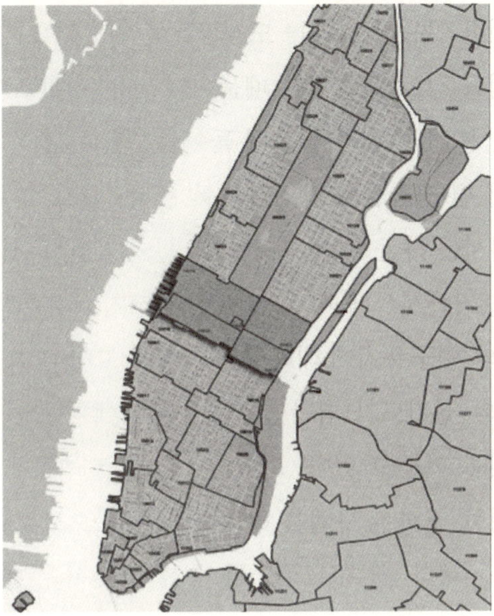

운집해 있다. 면적은 약 152만 평으로 둔치를 제외한 윤중로 안 여의도 면적 87만평의 1.75배다. 송도 전체면적의 1/10에 못 미친다. 이 좁은 지역에서 60만 명이 일하고 있다.

도시경제학자인 에드워드 글레이저(2011)[60]에 따르면 일자리가 뉴햄프셔주나 메인주 전체보다 많고 급여 총액은 오리건주, 네바다주 전체의 급여 총액보다 많다고 한다. 저 작은 땅의 경제규모가 한국보다 넓은 땅을 가진 주州, state의 경제 규모를 넘어선다. 물론 메인주와 뉴햄프셔주는 한국보다 면적

60 Edward Glaser(2011), Triumph of the City

이 작긴 하다.

이 사례를 인용한 이유는 도시공간을 입체적으로 생각해야 한다는 점을 강조하고 싶기 때문이다. 개발계획 도면의 색깔 즉 용도만 볼 게 아니라 공간에 들어설 건물의 높이와 그 안에서 일하게 될 사람들을 생각해봐야 한다. 주거, 업무, 상업용지에 대해서는 다들 그런 고려를 한다. 용적률이 사업성, 도시공간구조, 기반시설에 미치는 영향이 크기 때문이다. 송도의 산업용지와 연구용지에 대해서는 그같은 고민이 별로 없다.

서울시와 경기도가 첨단연구단지 조성에 주력해 성장동력과 일자리를 만들고 있다. 그동안 인천은 5·7공구에서 효과가 불분명한 전시성 사업을 하거나 다른 곳으로 가도 좋았을 공장을 유치했다. 물론 11공구를 수십 층 높이의 빌딩으로 다 채우면 더 많은 사람이 일할 수 있지만 그런 일은 서울 도심이나 맨해튼에서 가능하지 송도에서는 불가능하다. 하지만 10층 전후의 건물을 지어 연구중심의 지식산업단지로 만들기는 쉽지 않겠지만 가능하다고 본다.

## 3. 송도에 일자리가 생겨야 원도심도 산다

### 송도 때문에 원도심을 방치한 것은 아니지만....

예전에 인천시가 송도 개발에 주력하느라 원도심을 등한시한다는 지적이 있었다. 그렇지만 송도 개발 이후 역대 시 정부는 송도의 개발이익을 원도심으로 옮겼으면 옮겼지 송도를 위해 원도심을 희생시키는 정책을 펴지 않았다. 다만 인천시가 송도에 정책적 관심을 자주 보이니 그런 인상을 줬을 수 있다. 송도 개발 초기에 있었던 인천시 돈을 송도에 투자한다는 오해도 거의 사라졌다. 하지만, 송도가 개발될수록 원도심과 대비되는 것은 사실이다. 특히 인구가 감소하는 원도심의 학교를 송도로 이전하는 문제가 대두될 때는 갈등이 발생하기도 했다.

공간의 균형이 사람들 사이의 형평성보다 중요하지 않다. 사람들은 부동산과 달리 옮겨 다닐 수 있기 때문에 형평성을 높이는 정책은 공간이 아니라 사람을 대상으로 해야 한다고 본다. 하지만, 기존 도심이 쇠락하는 것이 좋은 현상이 아니다. 국가나 광역적인 지역과 달리 도시 내 작은 지역 내지는 동네는 외부성이 강하게 작용한다. 서로 좋은 영향을 미치고 서로 나쁜 영향을 미친다. 허름한 동네의 방치된 집은 이

웃집 가격을 떨어트리지만, 번듯한 건물이 생기면 옆집 가격도 올라간다. 미국에선 집 앞 잔디를 깎지 않으면 벌금을 매기는 동네가 많다. 서로 영향을 미치기 때문에 그렇게 한다. 쇠락한 동네는 자칫하면 악순환에 빠질 수도 있다. 소득 수준이 높은 사람이 빠져나가면 그전보다 상황이 나빠지니 그다음 소득 수준의 주민이 떠나는 식의 문제가 반복되는 상황이 일어날 수 있다.

## 필터링과 낙후해지는 원도심

도시경제학에서는 필터링filtering이라는 현상을 다룬다. 예전에 우리나라 소득수준이 낮을 때 형제간에 옷을 물려 입는 경우가 흔했다. 장남이 입다가 체격이 커지면 둘째가 물려받아 입고, 다시 둘째가 크면 막내가 받아 입었다. 물론 옷은 시간이 지날수록 닳기 때문에 막내는 낡고 유행이 지난 옷만 입을 수밖에 없다. 필터링은 같은 현상이 주택시장에 반영된 것이라고 보면 쉽게 이해할 수 있다. 소득이 올라가고 집이 낡게 되면 집주인은 넓고 더 좋은 새집으로 이사 간다. 그럼 원래 있던 집은 소득이 더 낮은 사람이 차지하게 된다. 하지만, 그 사람이 떠나온 집보다는 좋은 집이다. 시간이 지나면 그 집 주인도 다시 이사 간다. 집이 갈수록 낡아지니까 그다음에 입주하는 사람은 소득이 더 낮다. 이런 일이 반복돼서 미국의 도심에는 슬럼이 생기고 중산층은 새집을 짓기 쉬운 교외에 산다.

다행인지 모르겠으나 우리나라처럼 부동산 가격이 높고 빨리 오르는 곳에선 이런 현상이 일어나는 경향이 약하다. 헌집이 새집으로 재개발되거나 리모델링되기 때문이다. 집값이 비싼 서울에선 필터링을 걱정할 필요가 없다. 하지만 다른 도시에서는 재개발 가능성이 비교적 작다. 재개발하면 기존 주택의 가치가 사라지고 철거비용을 부담해야 하므로 집값이 높지 않은 곳에선 빈 땅에 새집 짓는 게 더 낫다. 그래서 지방 도시에서 상대적으로 재개발이 부진하고 도심 쇠퇴 가능성이 크다.

## 인구가 감소하는 인천의 원도심

인천은 어떤가. 엄밀한 분석을 해보지 않아 단언할 수 없지만, 서울과 지방 도시의 중간쯤에 있을 듯하다. 송도와 청라가 개발되면서 중산층이 그곳으로 이주하면 필터링 현상이 생길 수 있다. 앞으로 송도와 청라에서 적어도 35만 명이 살게 될 텐데 그중 다수가 인천 기성시가지에서 이주해 온다면 곤란한 문제가 생긴다. 원도심 재개발이 어려워지고 노후화된다.

신도시로 주민이 떠난 동네도 문제지만 그 동네로 이사 온 주민이 떠나온 동네에 더 큰 문제가 생긴다. 그 동네에 가난한 외지인이 이사 오면 사회복지비용이 늘게 된다. 그런데 8만 평이 넘는 땅에서 겨우 2천 명이 일하는 방식으로 송도를 개발하면, 인천 원도심에서 이사 오는 사람 중심으로 송도 아파트를 채워야 하니 이 문제를 피하기 어렵다.

인천 인구가 다른 광역시에 비교해 빠르게 늘었는데 원도심 지역에서는 오히려 인구가 줄었다(〈그림 10-7〉). 노후주택 비율도 인구감소 지역에서 높게 나타난다. 그곳에 살던 사람

<그림 10-7> 10년간 인천 인구 증감 (2005~2015)

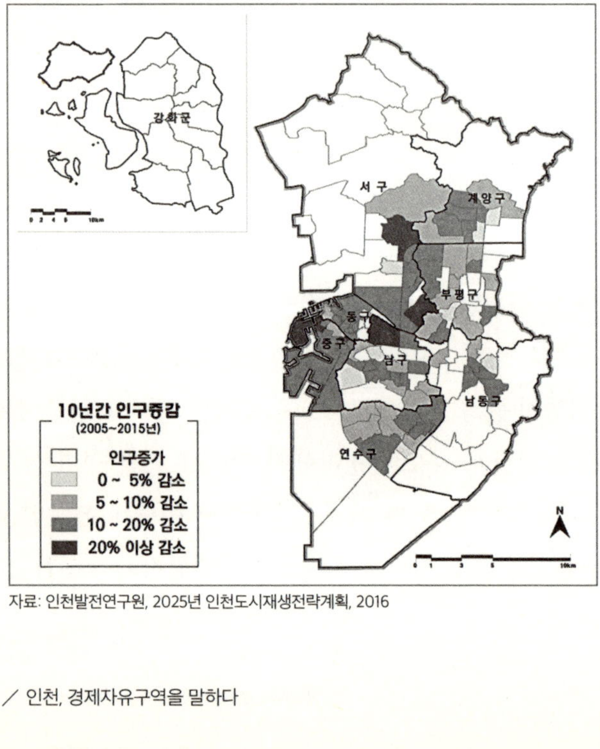


자료: 인천발전연구원, 2025년 인천도시재생전략계획, 2016

이 인천을 떠나기도 했을 것이다. 하지만, 인천이 성장하는 도시였다는 점을 고려하면 인천의 다른 지역으로 이주한 주민도 많을 것이다. 경제자유구역과 택지개발 사업 추진 지역은 인구가 늘었다. 국민기초생활 보장 수급자는 인구가 감소한 중구, 동구, 부평구의 비율이 높다. 강화군 비율이 제일 높지만 고령 인구가 많은 농촌이라는 특성을 고려해야 한다. 동별로 전입자의 원 거주지를 검토해봐야 확인할 수 있지만 인천시에서 필터링 가능성이 크다고 본다. 도시 내에서 인구이동이 일어나고 있기 때문이다.

### 마곡R&D산업단지가 마곡의 아파트값을 띄우다

시선을 돌려서 마곡 사례를 보자. 최근 몇 년간 부동산경기가 좋아 전반적으로 수도권 집값이 오르긴 했지만, 마곡은 특히 많이 올랐다. 2013년 마곡지구 아파트 분양이 시작될 때 미분양이 속출했지만 2015년부터 급등하기 시작했다. 몇 년 만에 대략 두 배가 올랐다. 부동산 업계에선 마곡R&D산업단지 기업, 특히 LG사이언스파크 입주에 대한 기대감을 원동력으로 꼽는다. 마곡지구 아파트값이 급등하자 마곡 주변 등촌동과 내발산동, 가양동 아파트값마저 오른다고 한다. chosun.

com의 기사 일부를 그대로 옮겨 봤다.[61]

> "서울 서남권의 대규모 개발지인 마곡지구가 모습을 갖춰 가면서 마곡 주변 지역의 집값도 영향을 받고 있다. 과거 강서구는 서울에서 집값이 상대적으로 저렴한 지역으로 알려졌지만, 지금은 전혀 상황이 다르다. 최근 4~5년간 강서구 일대 아파트는 마곡지구의 등장과 함께 집값이 급등했고, 주거 환경도 바뀌고 있다. 마곡지구가 올 하반기부터 입주하는 연구개발센터인 'LG사이언스파크'를 비롯해 2020년까지 총 16만여 명이 근무하는 산업단지로 변모할 예정이어서 주변 지역 주택 수요가 높아질 것이란 기대 때문이다."

## 송도에 일자리를 만들어야 원도심도 산다

송도도 첨단산업이라는 허명에 매달리지 말고 R&D와 일자리, 그리고 실제 사용할 용적률을 중시해서 기업유치를 해야 한다. 제조업체가 아닌 연구소가 온다고 하더라도 지상에 널찍한 주차장과 운동장을 만들면서 3층 건물을 짓겠다고 하면 받아들이지 말아야 한다. 제한적인 가용용지를 고려해야 하

---

61 한상혁, [대기업 입주 앞둔 마곡 집값]②가양동이 싸다고?, chosun.com, 2017.6.11., http://news.chosun.com/site/data/html_dir/2017/06/09/2017060903128.html

기 때문이다. 송도 산업·연구용지를 중고밀로 개발하면 기존 공장 유치방식보다 수십 배 많은 일자리가 생긴다.

임직원 일부 특히 임원이나 간부급 직원은 송도에 거주해 송도 주택수요를 늘리게 된다. 송도 주택사업이 활발해지면 인천경제청의 개발이익도 늘고 인구가 늘어 업무시설 개발도 지금보다 용이해진다. 비교적 젊은 직원은 주택가격이 상대적으로 낮은 송도 인근 기성시가지에 거주할 가능성이 크다. 마곡 사례처럼 주변 지역 주택수요도 함께 올라간다. 원도심에도 도움이 되는 것이다. 다른 지역의 고급인력을 송도로 대거 데리고 와야 필터링을 막고 인천 원도심의 재개발, 도시의 균형발전도 쉬워질 것이다.

## 4. 송도 11공구의 미래

### 여건이 미흡했던 2·4공구, 기회를 놓친 5·7공구

판교와 마곡 사례를 본받을만하다는 주장에 대해 대다수가 동의하리라고 본다. 하지만 그게 가능한지에 대해서는 의문을 가질 수 있다. 강남을 지척에 두고 있는 곳과 서울 안의 신도시와 경쟁이 되지 않는다고 생각할 수 있다. 송도 개발 초기 가용 부지는 2·4공구였는데, 이 시기엔 중고밀 R&D 단지를 조성하기 어려웠을 것이다. 정주여건도 덜 갖춰졌고 송도의 미래에 대해 냉소적 시각도 흔했기 때문이다.

하지만 5·7공구에 가용 부지가 생길 즈음에는 여건이 달라졌다. 송도의 잠재력이 주목을 받기 시작했고 외부의 시선도 호전되기 시작했다. 이때 5·7공구를 연구개발단지로 조성했으면 성공했을 가능성이 컸다고 본다. 그런데 연세대캠퍼스와 글로벌캠퍼스 유치로 인해 7공구 부지를 제대로 활용하지 못하게 됐다. 남은 5공구가 산업용지여서 뭘 해볼 수 있었는데 삼성바이오로직스, 디엠바이오, 만도브로제, 앰코테크놀로지코리아 등 대형공장 몇 개를 유치하면서 자투리 땅만 남게 됐다. 그 자투리 땅을 외투기업의 중소규모 공장이 채웠다.

다수 외투기업이 연구 및 제조를 내세우며 입주했다. 그렇지만 제조시설이 차지하는 면적이 훨씬 커서 비효율적으로 토지를 사용하고 있다. 소규모 제조업체가 많이 입주해 있어 R&D 비중은 작지만 BRC 스마트밸리에 대형 지식산업센터 4동을 지은 것은 그나마 다행이다. 하지만, BRC㈜는 수익성이 있는 지식산업센터만 빨리 짓고 약속한 연구소 건립은 더디고 작게 진행하고 있다.

## 송도 11공구 개발 계획

인천경제청 소유로서 산업 및 R&D 용도 개발이 가능한 곳은 이제 11공구가 유일하다. 9공구와 10공구는 해양수산부 소유이고 항만 배후부지로 개발될 예정이기 때문이다. 11공구는 11-1, 11-2, 11-3공구로 구분되는데 11-3공구는 아직 매립되지 않은 상태다. 11공구는 원래 계획된 매립면적이 307만 평으로 아주 컸다. 하지만 갯벌과 철새 보호를 위해 매립면적을 약 209만 평으로 줄였다. 매립면적에서 공공용지를 뺀 가처분 용지는 약 97만 평이고 산업용지는 46만 평가량이다. 인천경제청은 주거용지를 줄이고 산업용지를 늘리는 방향으로 개발계획 변경 작업을 하고 있다.

원래 산업용지의 비중이 높았던 곳인데 2010년을 전후해 개발계획 변경을 하면서 개발이익 확보를 위해 주거·상업용지 비중을 늘렸다. 그래도 타 공구에 비교해 산업용지의 비중이 높은 편이다. 11공구 가운데 수로와 인공호수가 계획돼 있는데 호수가 있고 호수 주변에 주거·상업·업무용지가 있는 6·8공구와 대칭을 이루는 개념으로 도입했다. 개발계획 변경에 참여한 연세대 김홍규 교수의 제안을 수용한 것이다.

인천신항을 이용하는 화물차량이 주거와 상업 지역인 11공구 중심지를 관통하게 되는 문제가 있어 해당 도로를 지하화하기로 했다. 남측 수로를 접하는 곳에 일반상업용지를 배치한 계획은 워터프런트 활성화를 위한 것이다. 싱가포르의 싱가포르 강 주변 보트키Boat Quay와 클락키Clarke Quay를 벤치마킹한 것이라고 할 수 있다. 이곳은 식당, 클럽, 호텔 등이 강가에 몰려있는 싱가포르의 유명 관광지다.

11공구에 R&D단지 조성을 염두에 두고 연구시설용지 비중을 높인 점도 특징이다. 산업용지와 R&D용지의 중고밀 개발을 계획했는데 개발계획 승인권을 가진 경제자유구역 위원회

<그림 10-8> 송도 11공구[첨단산업클러스터 (C)] 토지 이용 계획

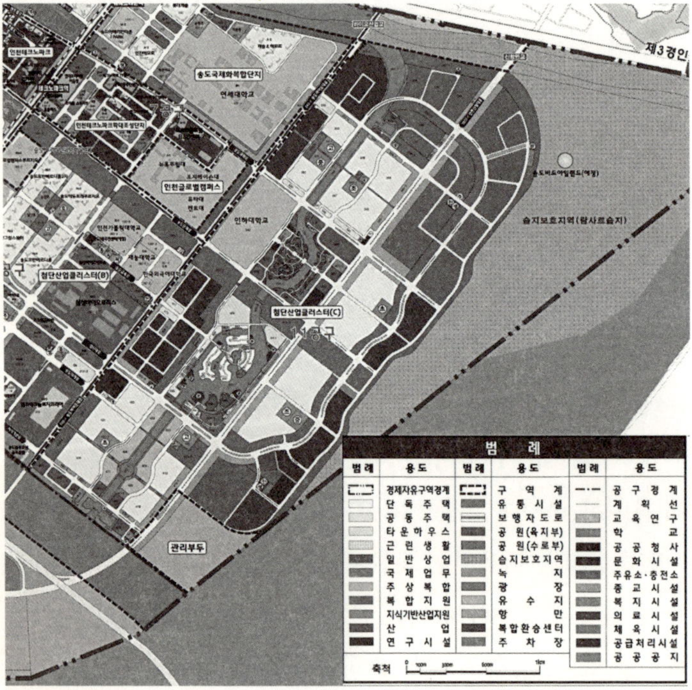


자료: 인천경제청

산하 경제자유구역기획단 실무진을 설득하는 데 애를 먹었다. 기획단 실무진은 별다른 근거도 없이 벤처기업이나 혁신기업을 위한 집합건물 수요가 부족할 것이라는 주장을 고집했다. 판교테크노밸리와 마곡R&D산업단지가 성공하고 경기도에 많은 테크노밸리가 추진 중인 지금의 현실을 고려하면 그 실무자 생각은 틀렸다고 할 수 있다. 결국 어느 정도 타협이 이루어져 개발밀도를 다소 높일 수 있었다.

개발계획 변경 이후에 수립된 지구단위 계획을 확인해보니 R&D용지 용적률은 300%, 산업용지 용적률은 220~250%다. 마곡의 용적률 350%에 비교하면 저밀이지만 그리 낮은 수준도 아니다. 그런데 R&D용지에 20m의 고도제한이 적용된다. 용적률이 더 낮은 산업용지의 고도제한 20~60m보다 낮다. 연구소가 제조업보다 고층건물에 입주하기 쉽다는 점을 간과하고 11공구 토지의 기회비용을 고려하지 않은 잘못된 계획이다.

### 11공구에서 중고밀 연구개발단지가 가능한가?

송도 11공구에서라도 중고밀 연구개발단지 조성을 추진해야 한다. 그런데 이미 많은 기업과 대학 및 기관이 땅을 요구하고 있어 수요가 공급을 초과하는 상태다. 또다시 대형 양산형 공장을 짓거나 대학캠퍼스처럼 듬성듬성 건물을 짓는 방식이 반복되면 송도에선 더 기대할 게 없다.

송도 11공구의 가능성을 타진해 보기 위해 마곡 및 판교에 비교해 보자. 두 가지 단점이 있다. 우선 서울 도심에서 더 멀다. 그리고 그 두 곳은 이미 연구개발단지로 자리를 잡았는데, 집적이 먼저 이뤄진 곳이 추가적인 집적에 유리하다. 정주여건과 기반시설 면에서는 큰 차이가 없거나 송도가 더 낫다. 주거환경뿐만 아니라 서울 도심의 어메니티[62]에 대한 접근성까지 고려하면 판교와 마곡이 더 낫다고 볼 수 있다. 물리적 정주 환경과 기반시설은 송도가 더 뛰어나다.

고급 연구인력은 서울에서 먼 곳을 싫어한다. 삼성전자가 2017년에 평택공장을 본격적으로 가동하자 수원 화성에 근무하는 직원들이 평택 발령을 기피해 인사팀이 어려움을 겪었다는 보도가 있었다.[63] 실제 삼성 직원들의 심리적 저지선은 사업장이 있는 용인 기흥과 수원, 화성까지라고 한다. 수원 사업장 직원 대부분이 사업장 근처나 분당, 판교, 서울 등에 거주한다. 송도 정도의 거리와 정주여건을 고려하면 송도는 고급인력이 꺼리는 심리적 저지선 안에 들어온다. 송도의 장점인 확장 가능성은 판교에 비교해 별 차이가 없지만 마곡보다

---

62 카페, 식당, 박물관, 공원, 상가, 학교, 병원, 대중교통 등 도시 거주자 삶의 질을 높이는 요소들

63 장은지, 금알 낳는 삼성전자 평택공장…발령 기피에 인사팀 '골머리', News1, 2017.10.11., http://news1.kr/articles/?3119428

우수하다.

## 토지가격으로 비교해 본 11공구의 가능성

송도의 큰 장점은 낮은 조성원가다. 판교테크노밸리와 마곡R&D산업단지 모두 토지 공급가격이 평당 천만 원 전후였다. 제2판교테크노밸리 부지 분양가는 900만 원/평이었다. 사유지가 개발된 곳이라 용지 분양가의 의미가 없는 서울디지털산업단지 땅값이 2013년에 평균 2,200만 원/평이었다고 하므로 지금은 그 이상일 것이다. 반면 송도 11공구 조성원가는 389만 원/평이다. 기업이 판단할 일이지만 이 정도면 경쟁력이 있다고 볼 수 있다. 최근 수년간 인천지역 지식산업센터 분양가는 평균 490만 원/평 수준인데 서울디지털산업단지 분양가는 800만 원/평 전후였다. 강남과 가까운 서울 성수동 지식산업센터 분양가는 평당 1,200만 원 내외다.

최근 송도 7공구에서 송도테크노큐브 지식산업센터[64]가 분양됐는데 410~530만 원/평의 가격에 순조롭게 진행됐다. 송도 11공구 조성원가보다 땅값이 1.5배 정도 비싼 인천 기성시가지에서 지식산업센터를 평당 500만 원대 초반에 분양한 사례도 있다. 인천테크노파크 내 분양 중인 송도 BT센터는 지

64 저층 지식산업센터와 고층 오피스텔을 겸한 복합건물이다.

식산업센터, 연구시설, 업무시설이 포함된 복합용도 건물인데 분양이 비교적 순조로운 편이다. 분양가는 평당 500만 원대다. 이런 사례를 검토해보면 조성원가가 389만 원/평인 11공구에서 용지를 조성원가보다 약간 비싸게 공급해도 벤처기업을 위한 집합건물 조성 사업 수익성이 충분하다고 할 수 있다. 송도 11공구의 조성원가가 기성시가지 준공업지역보다 낮고 분양가는 더 높게 형성되기 때문이다.

도시형 제조업이 허용되는 지식산업센터는 감정가 또는 경쟁입찰로, 제조업이 허용되진 않는 연구형 벤처기업 건물이나 창업공간, 또는 대기업 연구소는 조성원가 수준으로 용지를 공급하는 방안을 고려할 만하다. 구체적인 정책은 수요조사 후 결정하면 된다.

어차피 기업의 입지선택은 비용과 편익을 비교해서 이루어진다. 편익만 비교한다면 강남 테헤란로 일대가 판교나 마곡보다 낫다. 비용만 본다면 지방이 더 낫다. 따라서 판교나 마곡이 송도보다 여건이 좋기 때문에 송도에서 R&D단지 조성이 힘들다고 주장하는 사람들은 왜 R&D기업이 여의도, 종로, 테헤란밸리를 택하지 않는지 생각해 보아야 한다. 송도의 정주여건, 기반시설, 11공구 조성원가, 인천 원도심과 송도의 지식산업센터 분양가 등을 고려하면 11공구에서 마곡 및 판교와 유사한 R&D단지 개발은 가능하다. 서울 접근성을 제외하면 여건상 뒤질 것이 없고 서울과의 거리라는 단점은 낮은 비용으로 상쇄할 수 있다.

## 집약적 토지이용 반드시 필요하다

네이버 지식백과를 인용해 토지이용 방식에 관한 용어를 살펴보자. "토지이용에서 단위면적당 투입되는 노동과 자본의 크기를 토지이용의 집약도라고 하는데 토지이용의 집약도가 낮은 경우를 조방적粗放的 토지이용이라 하고, 토지이용의 집약도가 높은 경우를 집약적 토지이용이라고 한다."

땅의 가치가 낮은 곳에선 조방적 토지이용이 효율적이다. 땅의 (조성원가는 낮지만) 가치가 높은 송도에선 집약적 토지이용이 효율적이다. 11공구의 집약적 토지이용을 강조하면 기반시설이 부족해져서 곤란하다는 의견이 있다. 그러나 NSIC가 요구하는 용적률은 대폭 올려주고, 인천의 미래에 큰 영향을 미칠 혁신클러스터의 용적률 인상은 기반시설 때문에 안 된다고 하면 설득력이 없다. 송도 11공구는 공공용지 비율이 충분하기 때문에 기존 계획보다 도로나 공원을 늘려야 할 필요는 없고, 땅속에 깔리는 기반시설만 조정하면 된다.

송도 11공구의 토지를 원하는 기업과 기관을 보면 다소 우려가 된다. 대기업은 양산형 공장을 위한 땅을 요구할 텐데 5공구의 실수가 반복될 수 있다. 허용하지 않거나 토지 공급가격을 올려 기업이 시장원리에 맞는 선택을 하도록 해야 한다. 즉 토지면적을 줄이고 건물 연면적을 높이도록 해야 한다.

삼성이나 다른 대기업이 요구하는 양산형 공장은 11공구에선 허용하지 않는 것이 이상적이고, 대신 9공구나 북인천복합단지[65]에 짓는 걸 검토해봐야 한다. 화물처리 수요가 많지 않은 9공구 여객터미널 배후에 대규모 물류용지가 필요하지 않다. 항만 배후 물류용지는 10공구 인천신항 배후에 대규모로 조성될 예정이다.

### 땅을 싸게 주면 기관이나 대학이 약속을 지킬까?

대학이 외국대학과 기업의 연구소를 유치해 첨단산업 R&D 클러스터를 구축할 확률은 아주 낮다. 연세대는 송도국제화복합단지에 해외 명문대 분교 설치, R&D 캠퍼스 조성 등을 공언하고 외국기관과 양해각서를 체결했다고 자랑했지만 진전이 없다. 건립을 약속한 국제병원도 감감무소식이다.

대학은 아니지만 외국기업 연구소 유치를 약속한 BRC㈜ 역시 약속 이행이 아주 굼뜨다. 수익성이 있는 지식산업센터는 고층으로 빨리 지었다. 연구소는 아주 낮은 건폐율과 용적률

65 경인아라뱃길 건설 당시 항로 준설로 인해 만들어진 준설토 투기장으로 경인항 남쪽, 청라지구 북서쪽에 있다.

을 적용해서 더디게 짓고 있다. 땅을 너무 싸게 주면 자원 낭비가 일어난다는 점을 여실히 보여준다. 10만 평의 땅에 국내외 유명 연구소를 유치해 바이오클러스터를 짓겠다는 대학도 있는데 다른 대학이나 기관 사례를 보면 실현 가능성이 있는지 의문이다.

대학이 투자비용을 마련하기 위해 수익부지를 요구하거나 공급받은 토지 일부에 대한 용도변경을 요구할지 모른다. 예감대로 연세대는 11공구에 10만2천 평의 수익부지와 교육·연구용지를 받기로 인천시와 협약을 맺었다. 수천억 원의 개발이익이 발생하므로 그 돈으로 4만2천 평의 교육·연구용지에 사이언스파크는 조성된다. 개발이익 범위 내에서 사이언스파크의 구색을 갖추려면 저밀개발이 이루어질 가능성이 크다. 사이언스파크가 대충이나마 조성된다고 가정해보자. 그러면 1단계 부지 빈 땅 수만 평은 어떻게 되나? 듬성듬성 저층 건물을 지으면 1, 2단계 부지 모두 개발이 가능할지 모른다. 하지만 자원낭비는 피할 수 없다.

연세대가 종합병원 설립을 약속했지만 약속을 지킬 가능성은 작다. SPC가 지어주는 사이언스파크와 달리 스스로 재원을 조달해야 한다. 연세대는 송도 다른 곳에서도 종합병원 건립이 추진되고 있기 때문에 의료시설 공급과잉을 우려하고 있다. 그리고 2020년까지 용인 동백세브란스 병원을 건립해야 하는 입장이다. 연세대가 송도에 종합병원을 짓지 않아

받게 되는 페널티는 연간 10억 원대 초반에 불과해 사실상 실효성이 없다. 그나마도 병원 부지를 반환하면 페널티를 부담하지 않아도 된다. 종합병원이 필요하다면 연세대가 7공구에서 놀리고 있는 땅 중 병원부지를 제외한 6만 평 정도를 환수해서 개발하고 남는 개발이익으로 연세대에 병원을 지어주는 것이 더 빠르고 확실한 길이다. 11공구에 땅을 더 줄 필요가 없다.

인천대학도 부지를 요구하고 있다. 땅을 주기로 한 과거 약속이 문제가 된다면 사업성이 없는 인천글로벌캠퍼스 2단계 부지를 활용할 필요가 있다. 기존 캠퍼스와 더 가깝고 인천글로벌캠퍼스 공용시설을 사용할 수 있는 장점이 있다.

## 삼성의 11공구 부지 요구가 우려스러운 이유

삼성바이오로직스는 2015년 말부터 11공구에 추가 부지를 요청하고 있다. 30만 평을 공급받아 1/3은 직접 사용하고, 나머지는 바이오 관련 업체에 분양할 계획이라고 한다. 인천경제청은 삼성 부지를 포함해 약 30만 평의 바이오 클러스터 조성사업을 기획하고 있다. 최종적으로 어떻게 협상이 맺어질지 알 수 없지만, 삼성바이오로직스 요구는 우려스러운 부분이 있다. 삼성바이오로직스는 5공구 기존 부지에 3개 공장이 있는데 3공장 규모가 커서 전체 생산능력 36만 리터의 절반이다. 이미 전체 생산능력은 세계 최대 규모다.

삼성바이오로직스는 조만간 18만 리터 규모의 4공장을 짓고 5, 6공장을 짓는 것도 검토 중이라고 한다. 그런데 5공구 기존 부지에 4공장을 지을 여유 부지가 남아있다. 물론 4공장 외에 추가로 공장을 지을 수도 있다. 그런데 2018년 1월 김태한 삼성바이오로직스 사장은 기자들과 만난 자리에서 "신규 수주가 어느 정도 확보된 후 제5, 제6공장 신설도 감안하고 있다"며 "이들 공장은 고객사와 지리적으로 인접한 미국, 유럽 쪽에 지어질 가능성이 크다"고 말했다. 셀트리온도 36만 리터 규모의 3공장 신설 계획을 발표했는데 장소는 외국이 될 가능성이 높다고 한다.

삼성바이오로직스가 지을지 안 지을지도 모르는 5, 6공장을, 그것도 짓는다면 외국에 지을 가능성이 많은 공장을 위해 송도 11공구에 추가 부지가 필요한지 의문이다. 10만 평은 18만 리터 규모의 공장 4개를 지을 수 있는 면적이다. 기존 3개 공장만으로 이미 생산능력이 세계 최대인데 계획에도 없는 7, 8, 9, 10공장을 11공구에 짓겠다는 것인지 의문이다.

공장을 짓는다고 해도 문제다. 앞서 지적했듯이 일자리 창출 능력이 제한적이기 때문이다. 18만 리터 규모 공장 하나는 500명 정도 일자리를 만들어 낸다. 4개 공장이 10만 평에서 가동해도 일자리는 2,000개다. 송도 땅 가치를 고려하고 13만 평

부지에서 6만여 명 가까운 판교테크노밸리와 비교하면 자원 낭비가 아닐 수 없다. 더구나 일자리 질이 그리 높지도 않다. 삼성바이오로직스 직원 다수는 생산직이고 초급대학 졸이다. 고급인력이라고 할 수 있는 연구직은 삼성바이오에피스에 주로 근무한다. 삼성바이오로직스와 같이 사옥을 쓰고 있는 삼성바이오에피스 역시 5공구 1만3천 평의 별도 부지에 사옥을 신축 중이다. 11공구에 공장 아닌 다른 시설이 신축될 수도 있지만 아무리 생각해도 10만 평이나 필요할 것 같지 않다.

삼성과 인천경제청이 추진 중인 30만 평의 바이오클러스터도 규모가 과한 측면이 있다. 바이오시밀러는 자동차나 조선과 달리 수많은 협력업체가 필요한 산업이 아니다. 판교테크노밸리 입주 업종을 보면 IT가 79%, BT가 11%다. 이 비율이 시장 수요를 반영한다고 보면 된다. 시장을 거스를 필요가 없다. 2·4공구와 5·7공구 방식대로 낮은 건폐율과 용적률로 듬성듬성 저층 건물을 개발하면 모를까 30만 평을 중고밀 BT R&D 단지로 조성하기는 어렵다. 업종을 BT로 한정하지 않고 중고밀로 개발해야 한다.

### 11공구 평당 조성원가 389만 원의 의미

11공구 평당 조성원가 389만 원은 2·4공구와 5·7공구에 비해 상당히 높은 수준이다. 평당 389만 원은 수도권이라고 해도 공장을 운영하기에 부담스러운 수준이다. 남동산단의 땅값이 평당 600~700만 원이라고 하지만 이 가격은 공장하기에 좋은 환경이어서가 아니라 미래의 개발이익에 대한 기대감이 반영된 결과다. 도심과 연접해 있기 때문에 용도가 변경되거나 용적률이 인상될 것이라는 기대감이 반영되어 있다. 서울디지털산업단지처럼 변하거나 훗날 주거 및 상업 용도로 변경될 수 있다는 희망이 있다면 땅값이 오르는 것은 당연하다. 따라서 원래부터 공장 부지를 소유한 기업은 계속 공장을 운영할 수 있지만, 다른 기업이 신규로 부지를 매입해서 공장을 지을 이유가 없다. 반면 임대기업은 현재 여건이 중요하지 미래의 개발이익이 아무 의미가 없다. 남동산단에 임대공장이 많은 이유가 여기에 있다.

지금까지는 송도에서 산업용지를 분양받아 공장을 짓는 것이 사실상 특혜였다. 하지만 부지 공급가격이 평당 389만 원이라면 이야기가 다르다. 공장을 짓는다면 건폐율과 용적률을 높게 활용하거나, 일반적인 공장이 아닌 지식산업센터 또는 중고층 연구소를 지어야 할 필요성이 높아진다. 낮은 땅값을 노리고 공장이 들어오는 현상을 다소 억제할 수 있다는 측면에서 다행이다. R&D 중심 혁신기업에 제공할 수 있는 인센티브 여력이 준다는 점은 단점이다.

삼성바이오로직스가 중고밀로 가면 몇만 평만 있어도 충분한데 과연 평당 389만 원에 30만 평을 매입하려 할지도 의문이다. 조성원가보다 낮은 수준 부지공급을 요구한다면 큰 문제다. 인천경제청이 재정적 손실을 보는 데 그치지 않고 30만 평 자체가 저밀도로 느리게 개발될 가능성이 높아지기 때문이다.

## 인천테크노파크 실패 사례에서 얻는 교훈

(재)인천테크노파크는 어떤가. 대략 10년 전 (재)송도테크노파크 시절에 인천경제청으로부터 조성원가인 평당 150만 원에 토지를 받았다. 그 땅 일부를 코오롱건설에 평당 202만 원에 팔고 IT센터 조성을 추진했다. 필자가 선호하는 고층건물의 벤처기업 집적시설이다. 하지만 문제가 있었다. 코오롱건설과 분양 이익 일부를 배분하는 계약도 맺었는데 구체성과 구속력이 부족했다는 점에서 연동개발과 닮았다.

건설사는 공사비를 올리고 평당 평균 590만 원 수준의 고분양가 정책을 폈다. 당시 평당 평균 600만 원대 중반 수준인 서울디지털산업단지의 높은 분양가와 큰 차이가 없었으니 제대로 일이 굴러갈 수 없었다. (재)인천테크노파크는 지금 IT센터와 유사한 BT센터를 분양 중인데 10년 전 IT센터보다 분양가가 낮다. 분양도 비교적 잘되는 편이다. 그만큼 과거 IT센터 분양가가 비현실적이었다.

인천경제청은 산업용지를 시세보다 싸게 팔아 문제였는데, (재)송도테크노파크로부터 땅을 산 코오롱건설은 IT센터를 시세보다 높게 분양하려고 했다. (재)송도테크노파크는 IT센터가 제조업종 입주제한과 고급시설 때문에 분양가가 높을 수밖에 없었다고 항변했지만 무리한 선택이었다. 분양수익을 나누자는데 공사비를 낮출 건설사가 과연 있을까? 당시는 초기 집적을 유도해야 하는 시기였기 때문에 분양가를 낮춰 입주기업에 혜택이 돌아가도록 해야 했다. 그러나 (재)송도테크노파크는 서툴게 남의 손을 빌려 자신이 돈을 벌려고 해 실패했다. 향후 11공구 연구용지를 분양할 때 유의할 대목이다. (재)송도테크노파크가 10년 전에 바른 판단을 해서 입주기업을 먼저 생각했다면 IT센터 후속 사업인 BT, MT, AT센터 사업도 순조롭게 진행될 수 있었을 것이다.

### 11공구 대신 첨단제조업체를 유치할 만 한 곳은 9공구다

송도 북단에 9공구가 있다. 서쪽에 국제여객터미널과 상업시설을 짓고 배후에 대규모 물류단지를 조성할 계획이다. 국제여객터미널은 2019년에 완공될 예정이다. 9공구 소유권은 해양수산부에 있다. 물류단지 대신 아파트나 상업시설을 짓는 것이 가장 사업성이 높지만 항만 배후단지라는 특성상 항운·연안아파트 이전을 제외하곤 산업자원부나 해양수산부가 동의할 가능성은 거의 없다. R&D단지로 개발해도 좋지만 역시 정부 동의를 받기 어렵다.

국제여객터미널에 카페리도 다닐 것이므로 물동량이 발생하겠지만 여객선 터미널 특성상 큰 물동량 수요가 있지 않다. 9공구가 교량으로 남항과 연결되지만 여건이 우수한 인천신항 기능이 활성화되면서 인천 내항과 남항 기능은 축소되고 있다. 인천신항은 배후에 10공구가 있는데 면적이 380만 평 가까이 된다. 배후단지를 걱정할 필요가 없는 곳이다.

9공구는 항만 연계 화물이 많지 않은데 면적이 넓다. 물론 항만 연계 물동량이 별로 없어도 토지가격 또는 임대료만 싸게 하면 9공구 물류단지를 성공적으로 조성할 수 있다. 경인아라뱃길 김포터미널 배후에 물류단지가 성업 중이지만 화물선이 다니지 않아서 항만과 연계된 물동량은 없다. 하지만, 항만과 관련이 없는 대규모 유통단지를 도시 안에 만들면 교통난만 유발하고 실효성이 낮다. 김포터미널, 의왕, 군포 등지에 있는 물류단지와 유사한 물류시설이 9공구에 들어선다면 문제라는 것이다. 항만 활성화와 별 관련이 없다면 서울에 도움이 되는 창고를 굳이 인천 도심에 가까운 9공구에 대규모로 지을 필요가 없다. 이미 송도 해안도로에는 인천신항 때문에 많은 화물차가 다니고 있다.

어차피 도시적 용도로 개발하지 못한다면 9공구는 첨단제조업을 유치하는데 쓰는 것이 낫다. IT, BT 제품은 경박단소형이기 때문에 교통난을 부추기지 않는다. 삼성바이오로직스의 11공구 부지 매입은 아직 구두 합의 상태에 불과하다. 인천항만공사와 협의가 된다면 삼성바이오로직스 추가 부지는 9공구에 마련하는 것이 적절해 보인다.

### 11공구에 필요한 개발 방식

11공구를 개발하려면 판교와 마곡의 토지공급 사례를 벤치마킹해야 한다. 유치기업의 특성과 전략적 가치에 따라 용지 공급 방식을 차별화할 필요가 있다. 판교테크노밸리처럼 용지를 세 유형으로 구분해서 각각 조성원가, 감정가, 경쟁입찰가격으로 구분해서 공급하는 방식이 적절하다고 본다. 하지만 구체적인 방안은 시장의 수요를 조사한 후 결정해야 한다. 앵커 기능을 할 만한 기능이나 기업에 대해서는 조성원가 이하로 토지를 공급할 필요도 있을 것이다. 11공구는 송도 다른 공구보다 조성원가가 꽤 높기 때문에 산업용지와 연구용지를 조성원가로 공급해도 큰 특혜가 되지는 않는다. 11공구의 높은 조성원가는 저비용이라는 송도의 장점을 희석하는 아쉬움이 있다. 하지만 양산형 공장입주 유인을 다소 줄이는 장점이 있다.

앞서 간결하게 표현하기 위해 연구개발단지를 조성해야 한다고 주장했지만, 연구개발 용도만 허용하자는 것은 아니다. 판교와 마곡은 연구개발과 업무 기능이 혼재된 곳이다. 기술기업의 경우 이 두 기능을 구분하기 쉽지 않다. 상대적으로 서울에서 멀고 제조업 기반이 강한 인천의 현실을 감안하면 도시형 제조업, 그중에서도 경량 제조업은 수용할 필요가 있다. 오피스, 연구시설, 제조업이 공존하는 곳이 11공구의 현실적인 목표다. 물론 제조업은 지식산업센터 같은 집합형 건물에서 수용 가능한 형태여야 한다. 과밀억제권역에서 성장관리권역으로 이전하면 지식산업센터 입주기업에 대한 세제혜택이 크게 확대된다. 송도는 성장관리권역이므로 이 점을 활용할 수 있다. 그리고 중고밀 개발을 위해서 기존 계획 대비 용적률과 층수 제한을 완화해야 한다.

부지는 필지별로 매각하되 큰 기업이 요구하면 필지를 묶어서 팔 수 있게 해야 한다. 거의 모든 벤처기업/창업기업/소기업은 필지를 분양받기에 규모가 작다. 이들을 위해선 인천테크노파크나 인천경제청이 창업기업을 위한 건물을 만들 필요가 있다. 판교 제2테크노밸리는 공공임대 창업공간 확대를 기치로 내걸고 9개 창업 건물을 건립해 1,200개사를 입주시킬 계획이다. 마곡R&D산업단지에도 R&D 중심 강소기업과 스타트업을 위한 공공지원센터가 공사 중이다. 작은 기업이 민간컨소시엄이 건립한 건물에 입주할 수 있지만, 이 경우 임대료 통제가 불가능하므로, 창업기업엔 공공임대를 고려하는 것이다. 11공구가 잘 진행되면 비록 인천시 땅은 아니지만 향후 조성될 10공구를 효율적으로 활용할 기회도 늘게 된다.

우리나라 현실에서 지자체가 일자리를 만들어 낼 수 있는 정책 수단은 많지 않다. 법을 바꿀 수도 없고 재정정책과 통화정책 수단이 있는 것도 아니다. 증세와 감세도 정부가 권한을 갖고 있다. 경영안정자금 등 일부 수단이 있지만 규모와 효과는 제한적이다. 지자체가 할 수 있는 가장 큰 지역경제 활성화 수단은 기업이 입주하기 좋은 물리적 환경을 조성하는 것이다. 어차피 기업은 공간이 필요하고 그 공간은 추상적인 점이 아닌 어느 지역 일부이기 때문이다. 경기도가 파주 LCD단지와 테크노밸리를 만들고 서울이 마곡R&D산업단지를 만드는 것이 그 예다. 송도11공구는 인천시의 정책으로 일자리를 만들 수 있는 공간이자 수단이다. 구체적인 검토 없이 외국인투자, 글로벌 기업, 첨단산업 등의 이름값에 휩쓸려 내실을 포기해서는 안 된다.

### 파이팅 챈스, 노력하면 갈 수 있는 길을 가자

도시는 경로 의존성이 높다. 한번 방향이 정해지면 그 방향으로 계속 간다. 달리 표현하면 첫 단추를 잘못 끼우면 그다음 일이 힘들어진다는 뜻이다. 논밭이나 황무지엔 아무 계획이나 그려볼 수 있다. 하지만, 건물은 수명이 수십 년이 넘기 때문에 이미 건물이 들어선 도시공간은 시장 여건이 변한다고 해도 바꾸기 어렵다. 좋든 싫든 2·4공구나 5·7공구를 다른 모습으로 되돌릴 수는 없는 것 아닌가. 이제 남은 땅은 사실상 11공구 밖에 없다. 늦기 전에 방향 설정을 잘해서 송도가 혁신을 주도하고 좋은 일자리를 많이 만들어 낼 수 있기를 기대한다.

잔이 반이나 차 있는지 아니면 반이나 비어 있는지는 관점에 따라 다르다. 필자는 인천경제자유구역 개발 초기에 사람들이 저곳에 아파트 말고 뭘 채울 수 있겠냐는 냉소적 반응을 보이면 반론을 폈다. 이제 물이 반이나 비어있다며 이 책에서 문제점을 많이 지적했다. 인천경제자유구역의 그릇 즉 잠재력이 아주 크다는 생각 때문에 그렇게 했다.

영어에 파이팅 챈스Fighting Chance라는 표현이 있다. 차기 미국 민주당 대통령 후보 중의 한 명으로 거론되는 엘리자베스 워런Elizabeth Warren 상원의원의 자서전 제목이기도 하다. 힘들지만 노력하면 성공할 수 있는 기회를 뜻한다. 송도 11공구의 운명도 비슷하다고 본다. 대학과 기관, 대기업 공장에 헐값으로 땅을 주는 쉬운 길 대신 다소 힘들더라도 노력하면 갈 수 있는 길로 가길 권한다.

# 참고문헌

감사원(2009), 감사결과 처분요구서: 경제자유구역 운영 및 사업 추진 실태

감사원(2015), 감사결과보고서 - 경제자유구역 지정·운영 실태

경기과학기술진흥원(2015), 『판교테크노밸리 성장 원동력 분석』

경실련(2010), 송도국제업무단지 개발이익 추정발표

김경환·서승환(1999), 『도시경제』, 제2판, 홍문사

남덕우(2002), 『동북아로 눈을 돌리자』, 삼성경제연구소

서울시·SH공사(2015), 서울 마곡 R&D 산업단지 투자안내

안종석·정재호·최기호(2014), 『외국인투자에 대한 법인세 감면제도 평가 및 정비방안』, 한국조세연구원

이시욱(2015), 『경제자유구역 활성화를 위한 개선과제』, 한국경제연구원

인천경제자유구역청(2007), 『IFEZ 인천경제자유구역 백서』

인천경제자유구역청(2018), 2018 주요업무계획

인천발전연구원(2016), 『2025년 인천도시재생전략계획』

한국산업단지공단(2018), 2017년 전국산업단지 현황통계 4/4

허동훈(2009), 『송도 혁신클러스터 투자유치 정책 개선방안』, 인천발전연구원

허동훈(2009), 『자동차 경주장 유치효과 분석』, 인천발전연구원

허동훈(2010), 『경제자유구역 국내기업 역차별 문제 개선방안』, 인천발전연구원

Behrman, J. N. (1972), *The Role of International Companies In Latin America; Autos and Petro-chemicals*, Lexington, MA: Lexington Books

Glaser, Edward(2011), *Triumph of the City*, New York: The Penguin Press
OECD(2017), The EU list of non-cooperative jurisdictions for tax purposes

# 인천, 경제자유구역을 말하다

초판발행 / 2019. 01. 21.

지은이 / 허동훈
펴낸이 / 윤미경
펴낸곳 / 도서출판 다인아트
출판등록 1996년 3월 8일 제87호
인천광역시 중구 개항로14 2F
tel. 032+431+0268 / fax. 032+431+0269
e-mail. dainartbook@naver.com

인쇄 / 장원문화
제본 / 대한제책

값 / 12,000원
ISBN 978-89-6750-066-5 (03300)